AF269803

# El arte de
# dar y recibir

# Séneca

# El arte de dar y recibir

Un manual de sabiduría clásica
sobre los beneficios de
la generosidad y la gratitud

Título original: *How to Give: An Ancient Guide to Giving and Receiving*
© Princeton University Press, 2020
© de la traducción del inglés y del latín, Jacinto Pariente, 2021
© Ediciones Kōan, s.l., 2020
c/ Mar Tirrena, 5, 08912 Badalona
www.koanlibros.com • info@koanlibros.com
ISBN: 978-84-18223-24-2 • Depósito legal: B-3545-2021
Diseño de cubiertas de colección: Claudia Burbano de Lara
Maquetación: Cuqui Puig
Impresión y encuadernación: Romanyà Valls
Impreso en España / *Printed in Spain*



1ª edición, abril de 2021

# ÍNDICE

# INTRODUCCIÓN

¿Cuándo fue la última vez que hicimos un regalo? Quizá en una de esas ocasiones en que son prácticamente obligatorios —un cumpleaños, una boda, una graduación...—. Quizá se tratara de algo espontáneo, «por pura bondad» o «de corazón», como dice la expresión. Quizá invitamos a cenar a alguien con quien teníamos una cita, llevamos una botella de vino a una fiesta, o contribuimos con una determinada cantidad de dinero a un proyecto solidario o de caridad. Seguramente no nos paramos a considerar el significado moral de nuestra acción, ni fuimos capaces de apreciar el hecho de que, desde el punto de vista del filósofo romano Lucio Anneo Séneca, de alguna forma, por pequeña que fuera, estábamos salvando el mundo. La capacidad de dar, como argumenta Séneca en su tratado *De beneficiis*, traducido aquí con el título de *El arte de dar y recibir*, es parte esencial de lo que nos hace humanos, y en el caso de que el *dar* se lleve a cabo con el espíritu adecuado, puede incluso acercarnos a lo divino.

Como buen estoico, Séneca cree que en el trasfondo de cualquier acción humana, sobre todo en lo referido a regalos y favores, existe un plan divino. Su filosofía está fuertemente enraizada en sus creencias religiosas. Séneca cree en la existencia de un «Principio Rector, aquel del que las cosas toman su forma» (1.6, p. 14), y unas veces lo imagina compuesto por una pluralidad de seres, y otras lo identifica con la Naturaleza, o incluso con las estrellas y los planetas. Finalmente llega a afirmar que el nombre que asignemos a la «causa primera de todas las cosas» no tiene importancia (4.7, pp. 63-64), como tampoco la tiene si formulamos dicho nombre en singular o en plural o si personificamos o no esa causa primera, siempre y cuando nos esforcemos por cumplir los preceptos internos que ha inculcado en nosotros al nacer. Uno de los principales es el impulso de generosidad, ese hacer las cosas «por pura bondad» o «de corazón» del que hablábamos unas líneas más arriba.

¿Cómo es que la especie humana, que carece de la fuerza, la rapidez y la ferocidad de otras especies, logra sobrevivir?, se pregunta Séneca. Solo por medio de nuestros dos atributos únicos: la razón y lo que Séneca llama la *societas*, es decir, el impulso social, aquí traducido por *comunidad* (4.18). La capacidad de ayudarnos unos a otros, de compartir los recursos, en definitiva, de *dar*, nos eleva por encima de las criaturas salvajes, que de otra forma tendrían ventaja sobre nosotros, y nos convierte en los amos de la creación. (Séneca no estaba lo suficientemente versado en el mundo natural como para percibir esos mismos impulsos en otros seres vivos, y sabía muy poco sobre el mundo de los monos, que comparten el impulso social con el hombre.)

Séneca no cree que el ser humano haya desarrollado esas habilidades a lo largo del tiempo, como afirmaría un biólogo evolucionista. Para él, por el contrario, el impulso de generosidad es innato. Estamos programados para ser generosos, igual que lo estamos para practicar la virtud en otros ámbitos, para utilizar la razón como guía de nuestros actos y para evitar que emociones tóxicas (en especial la ira y el miedo, sobre todo el miedo a la muerte) descarríen nuestra mente. Son principios básicos del estoicismo, que Séneca exploró en los muchos tratados en prosa y epístolas que escribió durante su vida (mis otros dos volúmenes en la presente colección, *El arte de mantener la calma* y *El arte de morir*, presentan su pensamiento sobre el tema de las emociones tóxicas, la ira, en el primer caso, y el miedo a la muerte, en el segundo).

En el tratado que aquí antologizamos —*De beneficiis* o *Sobre los beneficios*, su título tradicional—, Séneca busca fortalecer el impulso de dar y hacernos más conscientes de la enorme ganancia que supone obedecerlo y la terrible pérdida que implica ignorarlo o pervertirlo. Según Séneca, el egoísmo, el apocamiento, la egolatría, la avaricia y una docena de defectos más son obstáculos que nos entorpecen el acceso a nuestra naturaleza divina. Cuando nos negamos a dar o damos de forma prepotente, concediendo más relevancia a nuestra dádiva que a aquellos que la reciben; cuando buscamos reconocimiento por el hecho de haber dado, o esperamos algo a cambio de lo dado, ese «regalo», «dádiva», «favor» o «buena acción» deja de serlo y se convierte en un préstamo, un soborno o una transacción comercial. En el otro extremo de la relación dar/recibir, a menudo también *recibimos* de forma incorrecta, sin ese sentimiento de gratitud que nos hace desear ser dadores nosotros mismos. La ingratitud merma la voluntad de dar de los demás y resquebraja el tejido conjuntivo de la *societas*.

*De beneficiis* es el tratado más largo de Séneca que se conserva, lo cual es ya indicio de la importancia del tema para el autor. Es muy probable que con el transcurso del tiempo añadiera materiales nuevos, ya que los tres últimos libros tienen un tono muy distinto a los cuatro primeros, y el séptimo habla de ciertos temas que no vienen muy al caso y suenan a adición de última hora. El hecho de que el autor dedicara una de sus *Epístolas morales* al tema y la calificara de extensión y expansión del tratado demuestra que sintió que se le habían quedado cosas en el tintero una vez terminada la obra. El presente volumen incluye un extracto de la mencionada epístola, publicada en 64 d. C., poco antes de la muerte del autor. Lo más probable es que el tratado se compusiera en algún momento durante los ocho años anteriores o quizá durante gran parte de ellos.

En ese lapso, y en realidad desde algún tiempo antes (en 54 d. C.), el autor llevó una doble vida en la que escribió tratados filosóficos y tragedias al tiempo que desempeñaba el cargo de jefe de ministros del emperador Nerón, del que había sido tutor. Nerón se convirtió en *prínceps*, lo que actualmente llamamos «emperador», a los diecisiete años, edad en la que necesitaba con urgencia el consejo y la autoridad moral de un adulto. Séneca, estadista, escritor y pensador de prestigio, que además le triplicaba la edad, proporcionó dicha autoridad al nuevo régimen. Séneca trabajó con el emperador durante una década y se hizo inmensamente rico con ello, pero a medida que la relación con su poderoso discípulo (y la salud mental del propio Nerón) se deterioraba, fue quedando cada vez más atrapado. Tácito nos cuenta que a pesar de que el autor se ofreció a ceder su enorme patrimonio a Nerón, este se negó a aceptarlo y le prohibió además abandonar el palacio. Según Tácito, Nerón pensaba que permitir a Séneca devolver lo recibido haría que el régimen pareciera confiscatorio. Tras un período de mayor distanciamiento, el emperador echó mano de ciertas pruebas no demasiado sólidas y condenó al filósofo al suicidio en 65 d. C.

Dado que Séneca se había hecho fabulosamente rico, sin duda gracias a la ayuda financiera de Nerón, y después le había resultado imposible devolver lo recibido, no es extraño que el tema de dar y recibir regalos y favores tenga especial relevancia en su vida y obra. Sin embargo, esto no es algo que se deduzca fácilmente del texto de *De beneficiis*. Con la discreción propia del que vive sometido a la arbitrariedad de un tirano, Séneca camufla su vida y su carrera política tanto en este tratado como prácticamente en la totalidad del resto de su obra. Incluso cuando se refiere a los «consejeros reales» (2.5) que demoran sin fin los favores que se les piden, no da indicio alguno de que él mismo se viera cada mañana rodeado de peticionarios y «clientes» (*clientes* en terminología romana), que solicitaban la ayuda imperial y buscaban su apoyo para conseguirla. Así, el trasfondo del texto no es otro que la paradójica posición de Séneca en la corte de Nerón: un hombre poderoso capaz de dispensar favores y al mismo tiempo prisionero de los que él mismo había recibido. Hasta qué punto la experiencia vital ha influido en la obra es aún objeto de discusión.

Por ello, en lugar de centrarnos en tan compleja cuestión (que además posiblemente no tenga respuesta), adentrémonos en *De beneficiis* de manera más literal: leámoslo como una exhortación a la generosidad y la gratitud, no como la autocrítica o la autodefensa de un hombre atosigado por los favores imperiales. Busquemos en el tratado la expresión de las creencias más preciadas del autor: la certeza de que un plan divino establecido por dioses benevolentes guía y protege a la especie humana; la convicción de que la falibilidad esencial de los seres humanos exige clemencia y perdón recíprocos; la sensación de maravilla ante la belleza y la plenitud del mundo, de alguna forma unida a la preocupación de que se desliza poco a poco hacia el caos (como queda patente en la tenebrosa imagen de la ciudad sitiada y los saqueadores de 7.27, postulada como retrato verídico de la vida humana). Y, sobre todo, disfrutemos del arte retórico de un verdadero maestro artesano de la palabra: los extensos crescendos, lo elevado de las imágenes, las fluctuaciones caleidoscópicas de tono y voz, y los feroces duelos verbales con oponentes imaginarios que convoca del éter para servirse de ellos como si de espadas y estafermos se tratara, verdadera especialidad del autor.

Semejante pirotecnia verbal, sin embargo, presenta serios problemas al traductor. Las dificultades comienzan con la traducción del título del tratado. Habitualmente se ha traducido *De beneficiis* por *Sobre los beneficios*, por no existir una correspondencia exacta de la voz latina *beneficium*, que combine los conceptos modernos de «regalo», «favor» y «buena obra». En *Seneca and Society*, su vasto estudio sobre el tratado, la especialista en mundo clásico Miriam Griffin defiende que «beneficio» es la única forma posible de traducir *beneficium*. Al principio estuve de acuerdo con ella, pero la palabra en sí no solo es poco elegante, sino que también tiene connotaciones —sobre todo para el público anglosajón— relacionadas con los planes de salud y pensiones que se obtienen por medio de contratos laborales. El problema toma mayor calado cuando constatamos que el autor utiliza constantemente el término a lo largo del texto, de forma que hay que revisar su idoneidad una y otra vez. Finalmente, he optado por prescindir de él y emplear en su lugar una amplia gama de alternativas: «regalo» y «favor» sobre todo, pero también «buena obra», «dádiva» o varias formas del verbo «dar», especialmente útiles en los párrafos en los que el autor habla del *beneficium* como actividad o proceso.

Como suele suceder en los tratados de Séneca, el traductor moderno se las ve con el sexismo grecorromano en cuanto a los pronombres de género. Como todos sus contemporáneos, Séneca se dirige a un público predominantemente masculino, ya que, dado que eran los hombres quienes dominaban el ámbito de la política y el arte de gobernar, su perfeccionamiento moral era lo importante. Sus imaginarios y ejemplares personajes son invariablemente masculinos. Aunque considero incorrecto perpetuar el sesgo de género, me parece igualmente erróneo (o cuando menos anacrónico) utilizar pronombres femeninos donde el autor y su época jamás lo habría hecho. He gestionado el problema pluralizando muchos de los pronombres singulares, o recurriendo a la segunda persona del plural en los casos en que el autor introduce a un adversario anónimo con el tiempo verbal *inquit* (él/ella dice). No creo que ello suponga blanquear el texto, pues el mismo Séneca mezcla a su antojo la primera, segunda y tercera persona cuando realiza afirmaciones de carácter moral o imagina las objeciones de un interlocutor. Donde un pronombre masculino de tercera persona del singular es más fuerte o claro que sus alternativas, he respetado el texto original, innegablemente patriarcal.

Esta antología representa menos de la cuarta parte de la obra. *De beneficiis* no es solo el tratado de mayor envergadura del autor, sino también el más específico y exhaustivo. En gran parte trata de aspectos sumamente específicos y oscuros del arte de dar y recibir, menos interesantes para el lector moderno que otros de mayor alcance. Por ello, he seleccionado los fragmentos más trascendentales e inspiradores de la obra, especialmente los que tratan acerca de los dioses, elemento crucial en el pensamiento humanista de Séneca.

Para el autor, los dioses, entendidos no como las deidades olímpicas de la mitología, sino como una fuerza etérea e impersonal, nos proporcionan el modelo esencial de conducta a la hora de hacer y recibir el bien. El mundo por ellos creado es hermoso y nutricio, a pesar de que lo hayamos convertido en un caos semejante al saqueo de una ciudad. La generosidad de los dioses es inagotable y no espera nada a cambio. En su gracia, nos han inculcado el impulso de *dar* («la pura bondad»), que compone el tejido mismo de la civilización. Séneca está convencido de que el ser humano está bendecido por lo divino y lo expresa con la oratoria extática de un predicador cuyas enseñanzas espero que toquen el corazón de los lectores modernos y generen profundas reflexiones acerca de lo que hacemos cuando damos.

# EL ARTE DE
# DAR Y RECIBIR

Como es habitual, Séneca dedica su De beneficiis *a un amigo o pariente, en este caso un tal Aebutius Liberalis, del que casi nada se sabe. Quizá su nombre, que significa «generoso», explique al menos en parte por qué el autor le dirige el tratado. En todo caso, la idea de un interlocutor único es en gran medida recurso retórico ficticio, pues el autor desea llegar al público general.*

*Séneca comienza su disertación sobre el arte de dar y recibir con una serie de consideraciones generales que aluden a los temas centrales de la obra: dar no es semejante a prestar, ya que al dar no se debe esperar ni exigir nada a cambio; la gratitud es tan importante como saber perdonar la ingratitud; la intención y la actitud son aspectos fundamentales de la generosidad; debemos emular a los dioses en su generosidad. Tras esta panorámica, el autor se centra, a partir del libro 5 (p. 81), en una serie de enseñanzas más rigurosas.*

(1.1)[1] Entre los muchos y muy variados defectos de las personas descuidadas y negligentes, mi querido Liberal, pocos son peores que el no saber dar ni recibir. La consecuencia de este defecto es que los regalos y favores mal hechos se tornan en pérdidas. Cuando alguien comienza a quejarse de la falta de gratitud de otro, es demasiado tarde. Sus favores y regalos eran ya pérdidas en el mismo momento en que se hacían. No debemos sorprendernos de que entre nuestros mayores y más numerosos defectos los más comunes sean los procedentes de un corazón ingrato.[2] Desde mi punto de vista, hay múltiples motivos para ello.

El primero es dar sin elegir al receptor adecuado. En cambio, cuando prestamos,[3] bien que estudiamos el patrimonio y el estilo de vida del prestatario. En la siembra, no lanzamos semillas en suelo estéril, y sin embargo, en lo tocante a regalos y favores, lo más común es desperdiciar sin criterio alguno en lugar de simplemente dar.

Me resulta sumamente difícil discernir qué es peor, rechazar lo recibido o exigir compensación por lo dado. La naturaleza de este tipo de transacción consiste en aceptar tan solo aquello que se ofrece libremente. La ruina es vergonzante cuando el moroso trata de saldar su deuda con dinero y no con gratitud. Solo quienes se sienten en deuda pagan sus deudas.

Somos tan culpables cuando nos negamos a sentir agradecimiento como cuando nos empeñamos en encontrar y fabricar gente ingrata constantemente. Unas veces nos comportamos como cobradores exigentes y rigurosos, otras somos inconstantes y nos arrepentimos de la buena obra en cuanto la realizamos, y otras discutimos y peleamos por nimiedades. Así, solo conseguimos echar a perder la gratitud y la buena voluntad tanto por la buena obra realizada como por la que estamos realizando.

¿Quién responde a una petición formulada con poca educación o solo una vez? ¿Quién, pensando que le van a pedir algo, no alza la ceja, vuelve el rostro, finge estar ocupado y, con largos e infinitos argumentos, niega al necesitado la posibilidad de realizar su petición, y se desentiende de sus problemas con arteras excusas? ¿Quién, ya puesto en el compromiso, no retrasa el cumplimiento del favor (lo cual no es más que una forma cobarde de negación) o promete cumplirlo en el futuro, pero de mala gana, con ceño fruncido y palabras agrias pronunciadas entre dientes? De todo esto se concluye que nadie devuelve de buen grado lo que no se le da con buena voluntad.

¿Quién puede sentir gratitud por un favor realizado con arrogancia, por un regalo concedido con ira, de mala gana o solo para quitarse a la persona que pide de encima? Es un error pensar que aquellos a quienes exasperamos con la demora y torturamos con la esperanza nos vayan a estar agradecidos. Los regalos y las buenas obras se devuelven con la misma voluntad con que se conceden. No han de concederse a la ligera. Pues los que obtienen algo concedido de manera irreflexiva creen estar en deuda solo consigo mismos. Los regalos y favores deben otorgarse sin tardanza: en cualquier servicio, favor o regalo, se valora sobre todo la voluntad del que concede y el que se demora siempre parece reticente.

Es primordial no avergonzar jamás al receptor. Pues es connatural a la naturaleza humana que las ofensas echen raíces más hondas que los favores, que a menudo desaparecen volando de la memoria, mientras que, por el contrario, aquellas permanecen. ¿Qué puede esperar quien por hacer una buena obra incurre en una ofensa? Si nos llegan a perdonar semejante «favor», ya podemos darnos por agradecidos.

(1.1.9) Ahora bien, la proliferación de los ingratos no debe impedirnos el ejercicio de la generosidad. En primer lugar, como dije antes, somos nosotros quienes los fabricamos y aumentamos en número. En segundo lugar, ni siquiera los dioses inmortales cesan en su abundante e infinita bondad a causa de las personas ingratas e impías que los desatienden. Simplemente siguen su naturaleza y las ayudan a todas por igual, incluso a los que no saben comprender sus favores. Sigamos su ejemplo, en la medida en que nuestra torpeza humana nos lo permita. Demos en lugar de prestar a crédito. Los que hacen favores con la mente puesta en lo que recibirán a cambio merecen ser engañados.

«Pero supongamos que nos salen mal los favores»,[4] objetas. Piensa, por ejemplo, en nuestras esposas e hijos, que a menudo nos han decepcionado. Aun así, seguimos casándonos y procreando. Es más, somos tan tenaces, tan perseverantes, que somos capaces de volver a la guerra tras una derrota y a la mar tras un naufragio. ¿No te parece correcto aplicar esa misma perseverancia al arte de dar?

Si alguien se niega a hacer un favor por el simple hecho de que quizá no se lo devuelvan, es porque da solo con la intención de recibir. Y así, carga de razones a los ingratos, cuyo defecto es no devolver lo recibido siempre que pueden. ¿Cuántas personas no merecedoras de la luz del sol caminan por la tierra, y sin embargo amanece todos los días? ¿Cuántas personas lamentan haber nacido, y sin embargo la Naturaleza sigue trayendo al mundo generación tras generación y concediendo la existencia incluso a quienes preferirían no tenerla?

Aprende a reconocer los indicios: un corazón grande y bueno es el que practica la generosidad sin esperar nada a cambio y se afana en seguir hallando buenas personas, incluso habiendo conocido a las peores. ¿Dónde está la magnificencia de la persona que hace el bien a muchos sin que jamás alguien se aproveche de ella?

(1.2.3) La contabilidad de la buena obra es muy simple. Alguien concede algo a alguien. Si algo le viene de vuelta, lo considera una ganancia. Pero si no, no lo juzga como pérdida. Doy por el hecho mismo de dar. Las buenas obras no se inscriben en un libro de cuentas ni se registran con fecha y firma como haría un acreedor avaricioso. La buena persona no vuelve a pensar en la buena obra hasta que el deudor se la recuerda al devolvérsela. Lo contrario recibe el nombre de préstamo o incluso de crédito. Tratar un regalo o favor como una especie de factura es una bajeza propia de usureros. Independientemente de lo que haya pasado con previos regalos y favores, continúa siendo generoso, y en mayor medida, puede que así tu generosidad se grabe en la memoria del ingrato. Tal vez un día cambie de actitud por vergüenza, por suerte o por imitación de quienes son mejores que él.

No te rindas, persevera, cumple las obligaciones que impone la bondad. Ayuda a uno con dinero, a otro con un préstamo, a un tercero con tus influencias, a aquel con tu consejo, y al de más allá con una buena enseñanza. Hasta las bestias salvajes perciben la bondad de sus cuidadores. No existe animal que el buen cuidado no domestique o el amor no aplaque. Los domadores les abren las fauces a sus leones sin peligro. El alimento vuelve manso y obediente al elefante salvaje. El cuidado y la dedicación conquistan incluso a las criaturas que no saben entender ni apreciar lo que se hace por ellas. ¿Aquel ha respondido con ingratitud a tus favores? Mañana será otro día. ¿Aquel otro se ha olvidado de dos buenas obras? Una tercera le refrescará la memoria.

Las personas que llegan demasiado deprisa a la conclusión de que andan desperdiciando su buena voluntad acabarán de hecho desperdiciándola. Pero los que insisten y añaden bien al bien acabarán obteniendo la gratitud hasta del corazón más duro y desmemoriado. Los favorecidos se verán obligados a tragarse el orgullo ante tantas buenas obras. Hagan lo que hagan para no escuchar los dictados de su consciencia, tú mantente imperturbable y continúa rodeándolos de favores.

(1.5) Paso ahora a explicarte lo primero que tenemos que aprender: qué le debemos al que nos da. Hay quien piensa que la deuda es la cantidad de dinero prestada, el cargo político o sacerdotal que le han concedido o el gobierno de la provincia que le han asignado. Sin embargo, todo eso es la señal de la dádiva, no la dádiva en sí misma. Los regalos y favores no se pueden tocar con la mano. Se perciben con el corazón. Hay un abismo entre la dádiva y el acto de dar. El regalo no es el oro, la plata, ni ninguno de los objetos —materiales unos e inmateriales otros—, que tanto nos importan; la dádiva es la intención de quien da.

Solo el ignorante tiene en cuenta lo material, lo que puede poseerse y entregarse, y por eso presta poca o ninguna atención a lo que es en realidad valioso y no tiene precio. Todo lo que tocamos con los dedos y vemos con los ojos, todos los objetos a los que el deseo nos amarra son perecederos. La Fortuna y la maldad humana pueden arrebatárnoslos en cualquier momento. Pero un regalo, un favor o una buena obra perduran incluso después de desaparecido el objeto mismo, el vehículo que lo trajo a nosotros.[5] Se trata de un acto de virtud. Nada en el mundo puede arrebatarle el valor.

(1.6) ¿Qué son, pues, los regalos y buenas obras? Son actos de generosidad que se llevan a cabo de manera voluntaria y con buena disposición, y que al mismo tiempo generan y cosechan alegría por medio del acto de dar. No importa qué se dé ni qué se reciba, lo importante es la actitud, ya que el regalo no es el objeto sino lo que yace en el ánimo de quien da. El siguiente ejemplo te aclarará las diferencias: un regalo o un favor son ciertamente buenos, en cambio la cosa dada o hecha no es ni buena ni mala. Es el corazón quien eleva lo pequeño, ilumina lo deslucido o condena al deshonor lo que en determinado momento pareció digno y valioso. Los objetos que codicias son en sí mismos neutros, ni buenos ni malos en esencia. Lo que cuenta es hacia dónde los dirige el Principio Rector, aquel del que las cosas toman su forma. Ni el regalo es la cosa tangible que se entrega, ni el sacrificio es el número de animales que se ofrecen a los dioses, por muy lustrosos que estén y muy dorados que tengan los cuernos, sino la sinceridad y devoción de la fe de los oferentes. A la persona buena le basta con un cuenco de cereal o de harina para cumplir con sus obligaciones religiosas; la mala persona, en cambio, no puede huir de la impiedad, por muchos cubos de sangre que derrame en los altares de sacrificio.

Si los regalos y favores fueran cosas en lugar de intención, su valor sería proporcional al tamaño del objeto recibido. Y sin embargo, no es así, como lo demuestra el hecho de que con frecuencia debemos más a quien nos ha dado poco pero con gran generosidad, a quien «iguala en corazón la riqueza de los reyes»,[6] a quien nos ha prestado apenas unas monedas pero con ánimo alegre, a quien ha olvidado su pobreza por preocuparse de la nuestra, a quien no solo ha tenido la voluntad sino el deseo de prestarnos su ayuda, a quien ha sentido que recibía un regalo al hacérnoslo, a quien nos ha dado sin pensar si le devolveríamos, a quien, cuando hemos saldado la deuda, no recordaba habernos prestado, a quien ha buscado y aprovechado la ocasión de ayudarnos. Por el contrario, todos esos «regalos», esos «favores», esas «buenas obras», son mezquinas si se consiguen a la fuerza o se conceden de mala gana, por muy magníficas que parezcan en forma y sustancia. Bienvenido lo que procede no de la riqueza sino de la buena voluntad. «Una persona me ha dado poco, pero no podía darme más. Otra persona me ha dado mucho, pero ha tardado, me ha hecho esperar y me lo ha entregado con resoplidos y altanería; y encima después ha pregonado el favor por toda la ciudad: desde luego, su intención no era acudir en mi auxilio. El verdadero receptor de sus favores no he sido yo, sino su propia ostentación.»

(1.11) Pensemos ahora qué regalos deben hacerse y cómo. En primer lugar, los regalos deben ser necesarios; luego, útiles; y por último, deben producir placer y ser duraderos. Analicemos en primer lugar lo necesario, ya que existen diversas opiniones acerca de lo que engendra la vida, la embellece o la conserva. Hay cosas de las que podemos prescindir sin esfuerzo. Es fácil sopesarlas con ojo crítico y decir: «Quédatelo, no lo necesito. Me basta y sobra con lo que tengo». Y es que a veces es más placentero no recibir que devolver.

Existen tres tipos de cosas necesarias: aquellas sin las que no podemos vivir; aquellas sin las que no debemos vivir, y aquellas sin las que no queremos vivir. Entre las primeras se cuentan el ser rescatado de las manos del enemigo, de la ira del tirano, de la proscripción[7] y de otros varios peligros que acechan al ser humano. (1.11.4) Entre las segundas incluimos la libertad, la virtud y la cordura, sin las que podemos sobrevivir, pero de tal modo que es preferible la muerte. Por último, está lo que amamos por cercanía, parentesco, familiaridad o costumbre, como los hijos, cónyuges, dioses familiares y cosas similares a las que el ánimo se apega tanto que consideramos más grave prescindir de ellas que seguir viviendo.

Las cosas útiles son muchas y variadas. Aquí entra el dinero, no excesivo pero suficiente para llevar una vida honrada, la dignidad y la prosperidad (para aquellos que aspiran a ascender en la escala social), ya que nada es más útil que ser útil para uno mismo.

Por último, están aquellas cosas útiles que proceden de la abundancia y que de alguna manera debilitan a los que las poseen. En esta categoría, buscaremos que nuestros regalos sean agradables en razón de que elegimos la ocasión oportuna y evitamos lo común, dando cosas que pocas personas poseen (pocas o al menos, pocas en esta época, de esta manera), o cosas que pueden no ser valiosas en sí mismas, pero se vuelven así debido al momento o lugar en que se dieron. En este caso, hemos de ser juiciosos y ponderar bien qué clase de regalo producirá mayor placer en el futuro, qué clase de regalo hará que estemos en la mente del receptor cada vez que lo vea. Seamos al menos cautelosos y no regalemos avíos de caza a una dama[8] o a un anciano, libros filosóficos a un labrador o al revés, redes de pesca[9] a un erudito. Tengamos también la precaución de no hacer regalos que pongan de manifiesto los defectos de quien los recibe, por ejemplo, vino al alcohólico o medicamentos al enfermizo, pues la dádiva que subraya los defectos de su destinatario se convierte en grosería.

*En el segundo libro, Séneca insiste en la idea de que la actitud es más importante que el regalo en sí. Al ampliar la idea e incluir también el arte de recibir, da comienzo a una larga disquisición, que se extenderá durante toda la obra, sobre la importancia de la gratitud.*

(2.1) Así pues, querido Liberal, hagamos regalos y favores siempre con el mismo ánimo con el que quisiéramos recibirlos, es decir, con generosidad, convicción y diligencia, pues la gratitud no es posible cuando los regalos se quedan como pegados a las manos del que los hace, se entregan con reticencia o parecen arrancados a la fuerza. Incluso si por algún motivo hay tardanza, procuremos que no se note y sobre todo, que no parezca que nos lo hemos estado pensando, porque en materia de generosidad, la duda es casi rechazo y no merece gratitud alguna. Puesto que la buena voluntad de quien da es la parte más placentera del acto de dar, y que la duda pone de manifiesto su falta de voluntad, podemos concluir que el que duda y dilata la entrega de un regalo o la realización de un favor o buena acción no está en realidad siendo generoso ni dando nada, sino simplemente perdiendo una batalla. De hecho, hay muchos que son generosos porque les falta el valor para negarse.

Los regalos y favores que producen más placer son los que se adelantan a la necesidad y se hacen con naturalidad y de manera voluntaria, aquellos en los que la única demora es la producida por la modestia de quien los recibe. Qué grande de corazón es el que sabe anticiparse a la necesidad del otro; le sigue en grandeza el que sabe cumplir su deseo. Qué grandeza de ánimo la del que no espera a que le pidan algo. Las personas dignas aprietan los labios y se sonrojan cuando formulan una petición; el que les ahorre ese mal trago convierte una acción buena en mejor. No te olvides de que ya en tiempos de nuestros antepasados se decía que nada hay más costoso que lo que se consigue a base de súplicas. Los hombres rogarían a los dioses con mayor devoción y menor frecuencia si tuvieran que pronunciar sus ruegos en voz alta, porque incluso a ellos, a los que humildes y sinceros dirigimos nuestras plegarias, preferimos hablarles interiormente y en privado. (2.2) Vemos, pues, que hasta la palabra *ruego* es vergonzosa y humillante y siempre se pronuncia con rostro cabizbajo. Liberemos de ella a los amigos, o a quienes vamos a convertir en amigos gracias a nuestra generosidad. Si nos han tenido que pedir algo, por muy deprisa que se lo demos, habremos acudido en su auxilio demasiado tarde.

(2.4) Por desgracia, no faltan quienes, a causa de la prepotencia, el desprecio y la dureza de las palabras que emplean, convierten el acto de dar en algo tan odioso que acabamos arrepintiéndonos de que hayan cumplido nuestras peticiones. También suelen prometer con el fin de hacernos esperar, cuando no hay nada más desagradable que tener que insistir en que nos concedan lo prometido. Los regalos y las buenas acciones deben entregarse y realizarse al momento. Ya sabes que hay personas de las que es más fácil obtener una promesa que un favor, y que a menudo hay que recurrir a un tercero que interceda e incluso a un cuarto que solucione el asunto. De este modo, el favor pasa por tantas manos que se desvirtúa, y como resultado el donante recibe muy poca gratitud, pues los servicios de cada intermediario merecen también su parte de agradecimiento. Si quieres que se aprecien tus buenas obras, procura que su destinatario las reciba enteras y de una sola pieza, sin que haya «comisiones» de por medio (por decirlo de algún modo).

(2.5) Qué amargo es que nos tengan en vilo. Es más llevadero abandonar la esperanza que demorarla. Y a pesar de ello, hay muchísima gente que procrastina el cumplimiento de lo prometido con el perverso objeto de tener multitud de peticionarios. Así suelen comportarse los consejeros reales,[10] que se deleitan por soberbia en la contemplación de su propia superioridad y se creen menos poderosos si no hacen ostentación de poder ante todos, a todas horas y con todo detalle. No hacen nada de manera eficaz y definitiva. Perjudican deprisa y benefician despacio. (2.5.2) Por eso la gente se irrita y dice con toda razón: «Si vas a hacerlo, hazlo ya o no lo hagas, que prefiero la negativa a esperar en vano». ¿Qué gratitud puede sentir un corazón hastiado que ha llegado a odiar el favor que esperaba?

(2.5.4) La generosidad tiene los pies ligeros. Lo natural es que quien da con alegría lo haga con rapidez. El que se demora, y deja que pasen los días no da de corazón y además pierde dos cosas fundamentales, el tiempo y la oportunidad de mostrar su buena voluntad. Querer despacio es no querer en absoluto.

(2.6.2) ¡Qué maravilloso el regalo de quien no acepta agradecimientos; qué maravilloso el favor de quien lo olvida según lo hace! Mezclar favores y reproches es necedad. No amargues de ninguna forma tus buenas acciones. Si tienes algún reproche, déjalo para otro momento. Fabio Verrugoso solía comparar una buena acción realizada de mala manera con una hogaza de pan amasada con arena. Uno se la come si el hambre lo atenaza, pero lo hace con amargura.

*lántropos actuales que hacen sus donaciones de manera anónima.*

(2.10) A veces sucede que es necesario engañar a los beneficiarios para que no lleguen a conocer la identidad de su benefactor. Cuentan que Arcesilao[11] tenía un amigo en situación de pobreza vergonzante, que además padecía una grave enfermedad que se empeñaba en disimular, y carecía de medios para cubrir sus necesidades más básicas. Empeñado en ayudarle en secreto, le escondió una bolsa de dinero debajo de la almohada sin que se diera cuenta para que aquel hombre de tan exagerada dignidad *encontrara* lo que tanto necesitaba en lugar de tener que rebajarse a pedirlo.

«¿No averiguó nunca de quién procedía?», preguntas. No. Que el destinatario de mis favores ignore de quién los recibe, si ignorarlo forma parte del favor. Y después, le ayudaré mucho más, y quizá entonces descubra por sí solo quién es su benefactor y al final *él* no sabrá que ha recibido y *yo* sabré que he dado.

¿No te parece suficiente, Liberal? No lo es si lo ves como un préstamo a crédito. Si tu intención es solamente dar, entonces lo harás del modo que más beneficie al destinatario. Te bastará con ser el testigo de ti mismo. De lo contrario, lo que te gratifica no es la buena obra, sino que se note que la has hecho. ¿Dices que quieres que al menos el destinatario lo sepa? Entonces lo que buscas es un deudor. ¿No estás dispuesto a cambiar de opinión ni siquiera si para esa persona es mejor, más honroso y más digno el no saber? ¿Solo por el deseo de que sepa que has sido tú su benefactor serás capaz de negar tu ayuda a quien se halla en dificultades?

Naturalmente, si la ocasión lo permite, no seré yo quien te prohíba recibir la gratitud de tus beneficiarios. Pero cuidado, porque si la publicación de un favor, por necesario que fuera, trae consigo vergüenza u ofensa, lo adecuado es no hacer ostentación de generosidad ni salir en la primera plana de los periódicos.[12] En ese caso, de ninguna manera permitas que se sepa que el benefactor has sido tú. En materia de favores y regalos, es fundamental aprender a no hacer reproches ni recordatorios. Las buenas obras, los favores y los regalos se rigen por la siguiente ley: que siempre los olvide quien los realiza y nunca quien los recibe. La mención continuada de los favores despierta en la gente el deseo de exclamar como aquel que llegó un momento en que era ya incapaz de soportar la arrogancia de cierto partidario de César que lo había salvado de la proscripción[13] de los triunviros: «¡Entrégame de nuevo a César! ¿Cuántas veces más piensas recordarme que me has salvado de la muerte? Si lo recuerdo por mi propia voluntad, lo que me has dado es la vida, pero si es por la tuya, lo que me has dado es la muerte. Nada te debo si solo me has salvado para presumir. ¿Cuánto tiempo más piensas exhibirme? ¿Cuánto tiempo más me impedirás olvidar mi mala suerte? En un desfile triunfal solo me habrían obligado a humillarme una vez».[14]

Que no se hable de lo que hemos dado. Los que sacan a relucir lo que se les debe solo pretenden que se les pague. No lo recuerdes, es más, ni lo menciones, a no ser que un nuevo favor o regalo traiga a la memoria otro anterior.

De hecho, no deberíamos contárselo a nadie. Que quien dio calle. Que hable quien recibió. De lo contrario, te sucederá como a aquel que siempre presumía de lo que daba. «¡No dirás que no te lo devuelven todo!», le dijeron. «¿Cuándo?», preguntó él. «Muchas veces y en muchos lugares: cada vez que lo mencionas», le respondieron. ¿A qué hablar de ello? ¿A qué realizar tú una tarea que corresponde al otro? Ese otro lo contará con más dignidad y además su narración tendrá una característica que hará que se hable más y mejor de ti: el propio hecho de no haberlo contado tú. Si crees que nadie sabrá de tu generosidad para conmigo a no ser que tú mismo la pregones, me estás haciendo quedar como un ingrato.

(2.11.14) La generosidad debe ir de la mano de la humanidad. El labrador pierde la cosecha si se limita a sembrar la semilla. Hacer que dé fruto lo sembrado no es tarea fácil. Solo rinde beneficios lo que se cuida de principio a fin. Sucede igual con los favores y las buenas obras. ¿Los hay mayores que los que los padres hacen a los hijos? Pues incluso esos no sirven de nada si se detienen en la infancia, si no los alimenta una constancia basada en el amor. Los demás favores y buenas obras se rigen por el mismo principio: se marchitan si no se riegan. No basta con practicar la generosidad, hay que practicar la constancia también. Para obtener gratitud no basta con dar, hay que amar a quien se da.

Pero, sobre todo, como te decía antes, no saturemos el oído del prójimo. Andar recordando lo buenos que somos es irritante y andar reprochando es odioso. A la hora de dar, evitemos la soberbia. ¿Quién necesita un rostro prepotente o unas palabras engreídas? Deja que el acto mismo te eleve. Aléjate de la ostentación y la vanidad. Cuando callamos, nuestros actos hablan por nosotros. Un favor hecho con soberbia no solo conduce a la ingratitud, sino también al desprecio.

(2.13) ¡Maldita sea la soberbia, el más estúpido de los males que acompañan a la Fortuna! ¡Qué poco aprovecha lo que se consigue de su mano! ¡Transforma en ofensas todos los favores y todas las buenas acciones! Nada la sacia y cuanto más se yergue, más bajo cae, manifestando así no merecer los bienes de los que tanto se ufana. Cuanto se logra con ella se echa a perder. Me pregunto por qué alzará tanto la nariz, qué será lo que le deforma tanto las facciones y la expresión del rostro que prefiere andar siempre con máscara. Solo es agradable aquello que nos concede el rostro calmo, amable y humano de una persona, acaso de estatus superior, pero que no trata de imponérsenos de ningún modo, sino que, por el contrario, se esfuerza por ser amable y ponerse a nuestro nivel, despojando de pompa y ceremonia el acto de dar. (2.13.3) La única forma de convencer a los demás de que no permitan que la maldita soberbia les arruine la generosidad es demostrarles que la aparente «grandeza» de la soberbia no es más que vanidad y falsedad. La prepotencia se lleva por la vía del odio lo que merece ser amado.

También sucede que hay cosas que perjudican a quienes las consiguen. En ese caso, la generosidad estriba en no proporcionárselas. Es necesario dar prioridad a lo útil sobre lo que se desea. A menudo deseamos cosas perjudiciales y no sabemos discernir lo peligrosas que nos resultan, porque el deseo nos nubla el juicio. También sucede que, una vez sometido el deseo, cuando se aplaca ese impulso del alma en llamas que ciega la razón, llegamos a odiar a quienes nos han hecho regalos y favores que nos han perjudicado. Igual que le negamos el agua helada al enfermo,[15] los cuchillos y espadas a quien está deprimido o furioso consigo mismo, y cualquier objeto que sirva a la pasión autodestructiva del demente, así insistiremos en negar un favor pernicioso a quien nos lo pida, por mucha sinceridad, humildad y a veces incluso servilismo, que ponga en el intento. Por ello es conveniente considerar el regalo o el favor a largo plazo, y dar no aquello que complace en el momento, sino aquello que sigue complaciendo mucho tiempo después de haberlo recibido.

Muchos dirán: «Sé que este favor no va a beneficiar a esta persona, pero ¿qué puedo hacer? No cesa de pedirlo y ya no sé cómo negarme. Al fin y al cabo, es su problema. La culpa de su perjuicio será suya, no mía». Eso es un error. Al final te echará la culpa a ti, y con razón. Cuando esa persona vuelva a sus cabales, cuando se aplaque la pasión que le incendiaba el ánimo, ¿por qué no habría de odiar a quien ha contribuido a su destrucción? Si nuestra generosidad destruye a quien se la concedemos se convierte en crueldad. Igual que salvar la vida, incluso la de los que no quieren ser salvados, es el acto más noble, proporcionar veneno a quien lo busca es una forma de odio, si bien disfrazado de cortesía. Hagamos regalos, favores y buenas obras que complazcan a su destinatario mientras los usa y nunca se vuelvan perjudiciales. Yo mismo me niego a prestar dinero si sé que va a acabar en el monedero de una adúltera, y a enriquecer a quienes hacen o planean el mal. Si puedo, los apartaré de sus crímenes y si no, al menos no les prestaré ayuda.

(2.15.3) Cada uno debe calcular bien sus recursos para no dar ni más ni menos de lo que puede. También hay que examinar a fondo las cualidades del destinatario. Hay regalos demasiado pequeños para el elevado estatus de quien los ofrece y otros son demasiado grandes para quien los recibe. Es conveniente examinar tanto la naturaleza del donante como la del receptor. Evalúa si tu regalo es demasiado grande o demasiado pequeño para ti, o si el destinatario lo rechazará o lo aceptará con desdén.

Alejandro Magno, que era un demente cuya razón solo funcionaba a gran escala, quiso una vez regalar una ciudad a alguien. El que iba a recibirla se lo pensó bien y la rechazó, arguyendo que despertaría envidias pues no se adecuaba a su estatus. Pero Alejandro replicó: «Aquí no se trata de lo que es adecuado para ti, sino de lo que es digno de mí». Aunque esta afirmación parece egregia y propia de un rey, es en realidad una auténtica necedad. Los regalos no son adecuados en sí mismos. El problema es qué se regala, a quién, dónde, por qué, cuándo, y toda una serie de circunstancias sin las cuales no es posible calificar lo que se regala. Alejandro, monstruo de vanidad, ¿no se te ocurrió pensar que si aquel hombre no era digno de tu regalo, tampoco lo era que tú se lo regalaras? (2.16.2) Hay que tener siempre en cuenta las cualidades de los destinatarios de nuestras dádivas, pues dado que toda virtud debe tener su justa medida, tan grave es excederse como que haya faltante. Además, obra con mayor prudencia quien rechaza un regalo que quien lo desperdicia. Supongamos por un momento que la Fortuna te hubiera concedido poder permitirte regalar una ciudad a alguien: ¡No olvides que en los bolsillos de algunos no caben ciudades!

Cierto filósofo cínico pidió al rey Antígono un talento de plata.[16] El monarca respondió que semejante cifra estaba muy por encima de lo que un cínico puede permitirse pedir. Despechado, el filósofo pidió entonces un simple denario, pero el soberano dijo que esa cifra estaba muy por debajo de lo que los reyes pueden permitirse dar. Bien sé que parece un sofisma mezquino, pero lo cierto es que el rey se las ingenió para hallar la forma de librarse de ambas peticiones. En lo tocante al denario, tuvo en consideración la dignidad de su cargo, y en lo referido al talento, tuvo en cuenta la insignificancia de un filósofo cínico. Podría haberle dado al filósofo el denario, pues pertenecía a la escuela cínica, o haberle concedido el talento, pues él era un rey. Y es que, aunque hay regalos excesivos para un cínico, los regalos procedentes de la generosidad de los reyes, por ínfimos que sean, siempre tienen dignidad. Personalmente, apruebo sin reservas el comportamiento de Antígono. Evidentemente, el que odia el dinero odiará también pedirlo. Bien por ti si eres un cínico. Profesas tu desprecio por la riqueza y has hecho de ese credo tu forma de vida y tu filosofía, pero no te queda más remedio que ser coherente con ella hasta sus últimas consecuencias. Enriquecerte bajo la falsa apariencia de digna pobreza no es lícito.[17] En conclusión, es necesario tener en cuenta tanto nuestro lugar en el mundo como el de la persona a quien pretendemos ayudar.

(2.17.3) Voy a sacar a colación una comparación extraída de Crisipo[18] sobre el juego de pelota. Si la pelota cae al suelo, está claro que el lanzador o el receptor han cometido un fallo. La pelota está en juego cuando, al pasar por las manos de ambos, es hábilmente arrojada y atrapada por los dos. Pero un buen jugador de pelota debe lanzar de manera diferente dependiendo de si el otro jugador es alto o bajo. Lo mismo sucede con los regalos y las buenas obras. A menos que se adapten a ambos jugadores, el del donante y el del receptor, no dejarán las manos de uno ni llegarán a las del otro como deberían. Cuando jugamos con un jugador experimentado, le lanzamos la pelota con mayor audacia porque sabemos que, pase lo que pase, nos la devolverá con mano diestra. Pero si nuestro compañero es nuevo en el juego, o no es muy hábil, no le lanzaremos la pelota con efecto o demasiado fuerte, sino de manera más suave y derecha, para que le caiga justo entre las manos. Con los favores, regalos y buenas obras debemos conducirnos de la misma forma. De vez en cuando nos toca ser profesores y dar por bueno que nuestros estudiantes se esfuercen o tengan voluntad de mostrar su agradecimiento. Porque también puede pasar que convirtamos en personas desagradecidas o animemos a perseverar en el error a quienes ya lo son, si parece que es tal la grandeza de nuestros favores y regalos que no se pueden agradecer.

(2.17.6) Hay muchas personas de naturaleza retorcida, arrogante y pagada de sí que prefieren perder lo que han dado antes de que se vea que se lo han agradecido. Es mejor permitir al otro cumplir su parte, satisfacer su necesidad de mostrar gratitud; es más humano escuchar y tomarse las palabras y expresiones de gratitud como pago por lo dado y mostrar despreocupación para que el deudor se vea aligerado de ella. El usurero que atosiga a los clientes obtiene tan mala reputación como el que se demora con terquedad en aceptar el saldo de una deuda. No obstante, a este respecto, los regalos y favores son diferentes: esforzarse en devolverlos es tan importante como no exigir que sean devueltos. Las personas de bien dan con generosidad, no agobian con exigencias, se deleitan en la devolución de lo prestado, olvidan las dádivas sincera y realmente, y aceptan las devoluciones como quien recibe un regalo.

*Habiéndose extendido sobre muchos aspectos del arte de dar, Séneca se centra ahora en el de recibir.*

(2.18.1) Ocupémonos ahora de la otra cara de la moneda: el comportamiento correcto de aquellos que reciben regalos o favores.

(2.18.2) Lo primero que la Razón nos obliga a tener en cuenta es que no podemos aceptar favores de cualquiera. «¿De quién es lícito aceptarlos?», preguntarás. Observa lo breve de mi respuesta: de aquellos a quienes nosotros mismos querríamos hacérselos. Actuemos con prudencia, pues hace falta más discernimiento para encontrar un buen acreedor que un buen prestatario. Además de otras incomodidades (que las habrá, y muchas), estar en deuda con quien no se quiere estar en deuda es una tortura. Por otra parte, aceptar favores de personas a las que amas, a pesar de que de vez en cuando surja algún desacuerdo, es un placer. Que conste que no me refiero aquí a los sabios, que conocen lo correcto, se dictan sus propias normas y saben atenerse a ellas, sino a las personas comunes y corrientes, que solo a veces consiguen dominar sus pasiones. (2.18.5) Hay que aprender a elegir de quién recibir favores con más cuidado que quien elige a un prestamista. Porque al prestamista se le devuelve su dinero céntimo a céntimo y el asunto queda zanjado. Pero al que nos hace un favor hay que devolverle con creces, y encima, una vez saldada la deuda, la amistad continúa, por eso se dice que la ley de los favores, que es una de las fuentes de la amistad, es sagrada.

(2.22) Cuando decidamos aceptar un favor, hagámoslo con alegría, expresemos nuestra felicidad de forma inequívoca a ojos de quien nos lo hace de modo que reciba una recompensa inmediata. Ver la felicidad de un ser querido es una fuente lícita de felicidad, y más lícita aún si hemos sido nosotros los causantes. (2.23) Hay también quien se niega a aceptar nada si no es en secreto y no quiere testigos ni personas que estén al tanto del asunto. De estos te diré que se equivocan. ¡No aceptes nada que te avergüence deber! Hay quien da las gracias de manera furtiva, por medio de un susurro al oído en un rincón. Esto no es timidez, sino una manera de negar la deuda. Dar las gracias cuando no hay testigos es simple y llanamente ingratitud.

(2.24.2) Hay quien va por ahí hablando mal de sus benefactores para que la gente crea que no deben nada a nadie. A estos nunca se les debe hacer favores. Por lo tanto, no olvidar el bien que se nos ha hecho es importantísimo, porque el que lo olvida, no puede agradecerlo, pero el que lo recuerda, al menos lo agradece con eso. Tampoco debemos aceptar favores con remilgos, abatimiento o falsa modestia, pues el que acepta algo con indiferencia cuando el favor está recién hecho y es agradable, ¿qué hará cuando se enfríe el calor de lo nuevo? Otros aceptan los favores con altanería, como diciendo «No necesito nada de lo que me das, pero ya que insistes tanto, lo haré para complacerte». También hay quien recibe los favores con tal apatía que ni el benefactor sabe si se ha dado cuenta. No faltan quienes apenas abren la boca para musitar un «gracias»: se comportan con más ingratitud que si se quedaran callados.

La intensidad de la gratitud debe ser proporcional a la magnitud del favor o regalo. Hay que decir, y decir inmediatamente, cosas como «Te debo mucho más de lo que te imaginas», o «No sabes lo que me has dado, pero quiero que sepas que es mucho más de lo que piensas», pues a todos complace que nuestros favores se reconozcan y aprecien. «Nunca podré devolverte el favor, pero ten por seguro que todo el mundo sabrá de tu incomparable generosidad.» Quien dice estas cosas ya está pagando el favor con la gratitud debida. Por eso, no dejemos de decirlas, que nuestra buena voluntad no quede oculta, sino que resplandezca y sea bien visible. Y si por cualquier motivo nuestra elocuencia no estuviera a la altura de lo que sentimos, que al menos se nos refleje la gratitud en el semblante.

*En esta obra, el autor manifiesta su honda preocupación por la ingratitud, defecto del que llega a afirmar que es un grave peligro para la sociedad. En un fragmento no incluido en esta edición se extiende sobre la cuestión de si la ingratitud debe considerarse un crimen y ser castigada por la ley, aunque finalmente concluye que no. En las siguientes páginas analiza las causas de la ingratitud y después pasa a considerar la gratitud que como seres humanos debemos a los dioses y a la Naturaleza.*

(2.26) Examinemos ahora qué lleva a las personas a actuar con ingratitud. Existen tres razones principales. La primera es el exceso de ego (la excesiva admiración por uno mismo y sus actos), uno de los vicios más comunes entre los mortales; la segunda es la codicia, y la tercera, la envidia. Comencemos con la primera.

La gente tiende a juzgarse a sí misma con excesiva tolerancia, lo que la lleva a permitirse creer que lo merece todo, a considerar que sus cualidades están eternamente infravaloradas y a aceptar regalos como si fueran el justo pago por sus méritos. «Fulano me ha regalado tal cosa, pero ¡qué tarde y después de cuánto esfuerzo!», dice la gente. «Cuánto más hubiera conseguido si hubiera favorecido a Zutano o a Mengano, o incluso a mí mismo. Me merecía algo mejor. Me considera una persona vulgar. ¿En tan poco valora mis favores? Si se les hubieran borrado por completo de la memoria, habría ofendido menos mi dignidad.»

(2.27.3) El segundo motivo, la codicia, impide totalmente la práctica de la gratitud. Los regalos y favores recibidos nunca están a la altura de nuestras expectativas. Cuanto más nos dan, más deseamos. Igual que la llama luce con más resplandor cuanto mayor es la hoguera de la que procede, la codicia se hace más virulenta cuando tiene por objeto la adquisición de riquezas.

Algo parecido pasa con la ambición, que no nos permite contentarnos con los honores que nos tocan, incluso si coinciden con lo que alguna vez se nos ha pasado por la mente en los momentos en que damos rienda suelta a la fantasía. Así sucede que no hay quien agradezca que le hagan tribuno, porque está demasiado ocupado quejándose de que no le han hecho pretor y, a su vez, eso tampoco será suficiente, porque no habrá conseguido ser cónsul. Y ni siquiera el consulado será suficiente si hay un solo cargo más[19] por encima. La codicia no conoce límites ni felicidad, porque solo ve dónde quiere llegar, no de dónde ha salido.

(2.28) Por último, la envidia, el más poderoso y perjudicial de los tres. Nos nubla el juicio a base de comparaciones: «Fulano me ha hecho este favor, pero a Mengano le ha hecho uno mayor y además ha acudido en su auxilio más deprisa». El envidioso es incapaz de hablar bien de nadie que no sea él mismo. Cuánto más sencillo y noble es que el corazón engrandezca lo recibido y comprender de una vez por todas que los demás nunca nos valorarán tanto como nosotros nos valoramos a nosotros mismos. Te ofrezco a continuación una serie de pensamientos para contrarrestar esta tendencia. «Me merecía más, pero a mi benefactor le resultaba imposible dármelo pues otras personas también dependen de su generosidad.» «Lo adecuado es aceptar una primera dádiva con ánimo alegre, para así motivar la naturaleza generosa del que la hace.» «Si esta vez el favor ha sido pequeño, habrá más ocasiones en el futuro». «Si el benefactor ha favorecido a Fulano más que a mí, también será cierto que me ha favorecido a mí más que a otros muchos.» «Fulano, aunque no me iguala en virtudes ni méritos, tiene los suyos propios.» «Quejarme no me hace merecedor de mayores favores, sino al contrario.» «Nada importa que mi benefactor ayude más a gente peor que yo.» «La Fortuna suele ser el peor de los jueces. La gente se queja de que la Fortuna favorece a los perversos, pues a menudo la tormenta perdona el huerto del malvado y echa a perder la cosecha del honrado.» «La amistad, como el resto de las cosas, está en manos del destino.» «No hay favor tan grande que la mala fe no arruine, y tampoco lo hay tan pequeño que no lo engrandezca un intérprete generoso.» «Si escudriñas lo que te dan con ojo crítico, no te faltarán jamás motivos de queja.»

Advierte cómo incluso los que se tienen por sabios se equivocan al juzgar los regalos de los dioses. Protestan porque los elefantes nos superan en tamaño, los ciervos en rapidez, las aves en ligereza, los toros en corpulencia; de que los animales salvajes tienen el pellejo más grueso que nosotros, el venado, más vistoso, y el oso, más espeso; de que los perros nos superan en olfato, las águilas en vista, los cuervos en longevidad y muchos otros en la habilidad de nadar. Por mucho que la Naturaleza prohíba que ciertas cualidades como la rapidez y la fuerza física se den en la misma criatura, les ofende que la especie humana no esté dotada de una serie de virtudes que en realidad son incompatibles. Se quejan de que los dioses nos han descuidado por no habernos concedido una salud que no puedan quebrar nuestros malos hábitos, o la capacidad de conocer el porvenir. Su insolencia llega a hacerles odiar a la Naturaleza por no habernos hecho iguales a los dioses. ¿No te parece más prudente pararse a considerar los muchos y maravillosos dones que nos han concedido y agradecerles que nos hayan permitido habitar este mundo admirable, concediéndonos encima el segundo puesto, justo detrás de ellos, en el orden de la creación? ¿Es que crees que hay punto de comparación entre los seres humanos y las bestias, sobre las que tenemos poder absoluto? Todo lo que no se nos ha concedido era porque no se podía conceder.

A aquel, quien quiera que sea, que tan injustamente evalúa la fortuna de la humanidad, le conviene recapacitar acerca de los muchos dones que nos ha concedido el Creador:[20] cuánto más poderosas que nosotros son las criaturas que hemos sometido al yugo, cuánto más veloces que nosotros son los animales a los que alcanzamos, cómo no existe ser vivo capaz de vencernos. Hemos recibido fuerza, destreza y, lo más importante, la Razón, capaz de llegar en un segundo allá donde se proponga, mucho más rápido que los astros, cuyo curso recorre siglos antes que ellos. Montañas de frutas y semillas, riquezas sin número, virtudes infinitas que se amontonan unas sobre otras. Que mire por todas partes y escoja uno a uno los atributos individuales que desearía haber tenido. Apuesto lo que sea a que no encontrará nada por lo que cambiar lo que tiene. Si juzgamos a la Naturaleza con la mesura que merece, solo podremos llegar a la conclusión de que el ser humano es la niña de sus ojos.

Los dioses inmortales nos aman por encima del resto de la creación. Nos han creado a su semejanza. No existe honor más elevado. Dones mayores que los que nos han concedido no son posibles de gestionar.

He considerado necesario, querido Liberal, hacer este breve inciso por dos razones. En primer lugar, porque quería referirme a los dones mayores mientras hablaba de los más pequeños, y en segundo, porque la prepotencia aparejada a este odioso defecto que es la ingratitud se extiende también a otros ámbitos. ¿A quién mostrarán gratitud las personas que desprecian los dones de los dioses? ¿Qué favor considerarán digno de reconocimiento? ¿De quién se tendrán por deudores esos que niegan que la vida es un regalo de los dioses, un regalo del que, por cierto, disfrutan día tras día?

Los que enseñan gratitud a los demás ayudan tanto al ser humano como a los dioses, a quienes debemos agradecer lo que nos conceden, a pesar de que están más allá del deseo y la necesidad. Que nadie use su pobreza o falta de carácter como excusa de su ingratitud, diciendo «¿Qué puedo hacer yo? ¿De qué modo puedo corresponder a los favores de los dioses, que son los señores del universo?». Nada hay más fácil que devolver un favor. El avaro puede hacerlo sin gastar, y el perezoso sin esforzarse: todo el mundo puede corresponder adecuadamente a quien le beneficia, pues aceptar un favor o un regalo con alegría es empezar a devolverlo en ese mismo momento.

(2.33) Supón que alguien me hace un favor y yo lo recibo como esa persona esperaba: él habrá conseguido lo que pretendía, lo único que pretendía, y al mismo tiempo, yo habré mostrado mi gratitud. Quizá más tarde esa persona obtenga algún beneficio de mí, algo útil procedente de la gratitud de su deudor, pero eso que obtiene no es la parte que le falta a una obligación que no se ha terminado de cumplir, sino algo extra que se añade a lo que ya es perfecto. Cuando Fidias[21] esculpe una estatua, obtiene dos tipos de beneficios, uno del arte y otro de la pieza. El beneficio del arte es inmaterial y consiste en el placer de esculpir lo que le gusta; en cambio, el beneficio de la pieza es material y consiste en lo que le pagan por haberla esculpido. Por eso, aunque no consiga vender la pieza, Fidias siempre obtiene algún provecho de su trabajo.

(2.34) Puede que entonces preguntes: «¿Cómo muestra gratitud una persona que no hace nada?». Ten presente que esa persona ha hecho algo sumamente importante. Con su buena voluntad me ha hecho un favor, y lo hizo en pie de igualdad, como corresponde a un buen amigo. No olvides que el favor y el préstamo se devuelven de manera diferente, por eso no es necesario que yo haga exhibición de la devolución del favor, pues es algo que tiene lugar en el corazón.

(2.35.3) Si proclamas: «Fulano ha sido generoso conmigo, ha protegido mi dignidad, ha limpiado mi nombre, me ha salvado la vida y me ha devuelto la libertad, que es más preciosa que la propia vida. Nunca podré agradecérselo bastante. ¿Llegará el día en que pueda yo revelarle lo que mi corazón siente?». Ese día ya ha llegado, es el día en que él te mostró lo que sentía el suyo. Acepta el favor, recíbelo, alégrate, pero no porque te lo den, sino porque aunque aún lo debas, ya lo estás devolviendo. Si actúas así, te librarás de la desgracia de que un golpe de la Fortuna te impida mostrar tu gratitud.

No te propongo cosas complicadas. No quiero que te desanimes ni pierdas las esperanzas pensando en grandes esfuerzos o deudas eternas. Está todo en el aquí y ahora, pues ten por seguro que, como la generosidad, la gratitud tampoco admite dilaciones ni retrasos.

¿Me preguntas qué debes hacer para devolver un favor? Desde luego no hace falta que tomes las armas, aunque puede que un día sea necesario hacerlo. No es preciso que cruces los océanos, aunque puede que un día tengas que capear terribles temporales. Lo que debes hacer es aceptarlo de todo corazón y mostrar tu gratitud, no para que te creas libre de la deuda, sino para se te disipe del corazón la angustia de ser deudor.

*En el tercer libro, Séneca se ocupa de las causas de la ingratitud y cómo combatirla. Tras concluir que no es posible tipificarla como delito, afirma que los ingratos se castigan a sí mismos al impedirse el gozo de la generosidad.*

(3.1.3) Igual que sucede con los ladrones y asesinos, los ingratos comparten el mismo crimen, pero los hay de varios tipos. Están los que niegan haber recibido favores o regalos, los que lo ocultan, los que no los devuelven y los peores de todos: los que los olvidan. Los que no los devuelven al menos reconocen la deuda, y seguro que en lo más profundo de la conciencia aún recuerdan, por poco que sea, lo que se hizo por ellos. Quizá algo les obligue a demostrar su gratitud en algún momento, por ejemplo, la espuela de la vergüenza, un súbito rapto de virtud (como a veces sucede incluso en los corazones más duros), o que la ocasión sea tan propicia que no puedan dejarla escapar. Quien olvida por completo los favores recibidos, en cambio, nunca será agradecido.

¿Quién es peor en tu opinión, el que no siente gratitud por una buena obra o el que la olvida? Los ojos enfermos huyen de la luz, pero los ciegos no la perciben. Odiar a los padres es un grave pecado, pero no reconocerlos es pura demencia. (3.2.2) Devolver un favor exige fuerza moral, madurez, recursos y la bendición de la Fortuna. La memoria de lo recibido convierte a las personas en agradecidas sin esfuerzo. Recordar no cuesta trabajo ni exige riquezas ni éxito, por eso quien no recuerda carece de excusas tras las que esconderse.

(3.3) El principal motivo por el que nos olvidamos de las buenas obras, incluso de las mejores, es el deseo, que nos distrae y nos hace atender a lo que queremos y olvidar lo que tenemos, de tal modo que a causa de la novedad y el capricho le robamos el valor a lo que es nuestro. Es por esto que si el deseo de conseguir algo nuevo convierte en trivial lo conseguido, dejarás de apreciar a la persona que te ayudó a conseguirlo. Amamos y admiramos a nuestros benefactores y afirmamos deberles la situación en que nos hallamos tan solo mientras dura el placer que nos proporciona el objeto de nuestro deseo. Pero cuando el deseo por lo nuevo nos aguijonea el corazón, nos lanzamos hacia ello (como suelen hacer los seres humanos que, una vez cumplido un deseo, pasan a desear otro mayor), olvidando todo lo que antes considerábamos regalos o favores. Despreciamos aquello que nos pone por encima de los demás, pues solo vemos los favores que la Fortuna dispensa a los que están por encima de nosotros.

Es imposible ser envidioso y agradecido al mismo tiempo. La envidia es propia de personas amargadas e insatisfechas, mientras que la gratitud lo es de personas felices. También hay que tener en cuenta que la mayoría de nosotros pensamos solo en el fugaz momento presente. Rara vez volvemos la cabeza para contemplar el pasado. Es por eso que olvidamos a nuestros maestros y los favores que de ellos hemos recibido al terminar la infancia; de la misma manera desaparece de nuestro recuerdo lo aprendido en la juventud, porque esa etapa de la vida nunca vuelve. Clasificamos lo vivido no como «pasado», sino como «perdido», de forma que al pensar solo en el futuro, lo que realmente perdemos es la memoria.

(3.17) «¿Acaso no sufren castigo los ingratos?», preguntas. Por supuesto, te respondo, ¿crees por ventura que no se castiga al prepotente, al intemperante, al avaricioso, al insensato o al cruel? ¿De verdad crees que los defectos que aborrecemos quedan sin castigo? ¿Acaso hay peor castigo que el desprecio público? Déjame aclararte lo que es un verdadero castigo: no atreverse a aceptar favores de nadie ni a hacer una buena obra, ser o sentirse despreciado por todos y perder la conciencia de valores excelentes y elevados como son la generosidad y la gratitud. ¿Tildas de desgraciado al que ha perdido la vista o el oído, pero no al que ha perdido la capacidad de dar y recibir? Esos sí que viven temiendo a los dioses, que son testigos de su ingratitud. La conciencia de haber perdido semejante don los abrasa y asfixia. Ser incapaz de gozar del fruto del más fundamental de los valores es, no lo dudes, un castigo terrible.

*En el cuarto libro, Séneca se ocupa de la relación entre la generosidad humana y la divina, verdadero núcleo moral del tema. Como buen estoico, Séneca cree que los dioses, concebidos no tanto como Júpiter y su familia, sino más bien como seres difusos y amorfos, o incluso como un solo ser colectivo (ver 4.7), son benevolentes por definición, hasta el punto de preocuparse incluso por la vida humana. Los dioses son las fuerzas que ordenan el cosmos y lo mantienen en funcionamiento. Séneca los considera el modelo de la generosidad desinteresada, pues el mundo por ellos creado está lleno de dones que benefician a la humanidad. Este punto de vista se basa, en parte, en su desprecio por la creencia tradicional de que los dioses se deleitan con ofrendas y sacrificios (ver 4.25).*

(4.1) De todo lo que hemos hablado, querido Liberal, nada hay más necesario ni, como dice Salustio, merece tratarse con mayor precisión que lo que viene ahora, es decir, la cuestión de si el arte de dar y recibir es cosa que haya que practicar como un fin en sí mismo.

Hemos visto que existen personas que solo persiguen el beneficio propio y no saben apreciar la virtud si no lleva etiqueta de precio (cuando en realidad pierde toda su grandeza en cuanto se le adjudica un valor de cambio). Qué bajeza la del que anda por la vida calculando el valor de las buenas personas, cuando a la virtud no le atañen las ganancias ni las pérdidas... La virtud se practica dejando de lado lo útil, yendo sin reparo a donde nos envía o nos reclama, olvidándonos de nuestras posesiones e incluso dispuestos a perder la vida si fuera necesario. Que a nadie se le ocurra ignorar su poder. Te preguntarás quizá: «¿Qué gano yo por hacer tal cosa con valentía y buen semblante?». Tan solo el haberlo hecho. Tan solo eso se te promete.

(4.3.2) Lo que se hace pensando en incrementar las riquezas o la fortuna no puede definirse como favor, regalo o buena acción. Por otra parte, si lo único que nos moviera a ayudar a los demás fuera la conveniencia, los ricos, los poderosos y los reyes nunca ayudarían a nadie. Ni siquiera los dioses lo harían, cuando en realidad nos cubren a diario de dones y favores sin número, a pesar de que su naturaleza los abastece de cuanto necesitan y los protege y aparta de todo daño. Si la única razón para dar fuera sacar beneficio, los dioses no beneficiarían a nadie. Pensar en cómo recuperar el favor prestado a la mayor brevedad posible en lugar de pensar en a quién beneficiar no es generosidad sino usura.

(4.4.3) ¿Hay alguien tan desdichado e infeliz, tan castigado por el destino y nacido para el sufrimiento, que no haya experimentado nunca la generosidad de los dioses? Entre todas esas personas que a diario maldicen a la Fortuna, no hay una sola a la que los dioses no hayan favorecido al menos una vez; no hay una sola a la que no le haya correspondido al menos una gota de esa inextinguible fuente de generosidad. ¿Te parece poco lo que nos corresponde a todos por igual al nacer? ¿Te parece poco lo que después se nos concede, ya de manera más desigual? ¿Te parece poco lo que nos ha dado la Naturaleza, que se nos ha entregado ella misma por completo?

(4.5) Veo tu objeción: «Dios no concede regalos ni realiza buenas obras».[22] De acuerdo. ¿De dónde proceden entonces todas esas cosas que posees, concedes, niegas, acaparas o atesoras? ¿De dónde los innumerables deleites de la vista, el oído y la Razón? ¿De dónde la abundancia y el lujo, pues los dioses no se limitan a cubrir nuestras necesidades, sino que nos tratan como a favoritos? ¿De dónde los árboles, con sus diversos frutos, las plantas medicinales, los alimentos que brotan de la tierra en cada estación para sustentar incluso al más perezoso de los seres humanos? ¿De dónde los animales de toda especie, unos nacidos en la tierra, otros en el agua y otros que surcan los cielos, de suerte que cada región del mundo natural nos paga algún tributo? ¿De dónde los ríos que en ciertos lugares abrazan y fertilizan los campos con placenteros meandros y en otros se abren en cursos tan anchos y profundos que sirven como vías comerciales? ¿De dónde, entre estos últimos, los que crecen súbitamente en verano con torrentes que riegan los campos sedientos por los rigores del cielo? ¿De dónde los manantiales de aguas curativas? ¿De dónde las fuentes de aguas termales que brotan en nuestras riberas?

(4.6) Si alguien te cediera unas hectáreas de terreno, dirías que te ha hecho un regalo. ¿Cómo es entonces que no ves un regalo en la tierra entera, ancha y vasta que dios te han puesto por delante? Si alguien colmara tus arcas de dinero, lo considerarías una bendición, tal es la importancia que concedes al dinero. ¿Cómo es entonces que te niegas a ver una bendición en el hecho de que dios haya llenado el mundo de metales preciosos, de ríos que fluyen desde el subsuelo portando oro entre sus ondas, de que haya enterrado enormes cantidades de plata, cobre y hierro, distribuyendo por la superficie signos que indican las riquezas que yacen en su interior, y, lo que es más, te haya conferido la capacidad de encontrarlos? Si alguien te donara una mansión de mármol reluciente, con techos de oro, y rica y colorida decoración,[23] lo considerarías un gran favor. ¿Cómo es que no ves que dios ha levantado para ti una morada enorme que no se incendia ni se derrumba, construida no de láminas de piedra más finas que la hoja que se utilizó para cortarlas, sino de sólidos bloques de la roca más costosa, colorida y compleja, de forma que el cantero más pequeño despierta nuestra admiración, y un techo que reluce de manera diferente de día y de noche? ¿Todavía te atreves a negar los favores que has recibido? ¿Todavía te atreves a hacerte el ingrato y afirmar que no debes nada a nadie, por mucho valor que otorgues a las cosas materiales que posees? ¿De dónde procede el aire que respiras y la rauda sangre que te mantiene con vida? ¿De dónde proceden los alimentos que te deleitan el paladar con sus exóticos sabores, aunque estés ya ahíto? ¿De dónde procede esa calma en la que languideces y te degradas? Sabiendo en qué consiste la gratitud, ¿cómo es que no proclamas que un dios ha creado esta tranquilidad para nuestro disfrute?[24]

Pues de hecho ha sido un dios el que ha llenado el mundo no de unas cuantas vacas, sino de rebaños enteros, el que ha hecho brotar el pasto que los alimenta tanto en invierno como en verano, el que nos ha enseñado no solo la flauta y la canción rudimentaria, sino tantas artes, tantas variedades de canto, tantos sonidos que producen música… No debes tildar de «nuestras» todas esas cosas que hemos inventado, como tampoco es «nuestro» el hecho de crecer.

(4.7) ¿Dices que es la Naturaleza la que nos da todas esas cosas y no dios? Date cuenta de que con eso tan solo cambias el nombre de dios por otro. La Naturaleza y dios son la misma cosa, es decir, una Razón divina que gobierna el mundo y en todo el mundo se halla. Puedes llamar con los nombres que quieras al autor de todas las cosas. Puedes llamarlo Júpiter Altitonante u Óptimo Máximo... Incluso puedes llamarlo Destino, si así lo deseas, pues el Destino es una cadena de causalidad, y dios es la causa primera de todas las cosas de la cual todas dependen. Elijas el nombre que elijas, acertarás siempre que transmita un sentido de poder y efecto divino, pues tantos son sus nombres como sus dones.

(4.9) Dios nos concede muchos y muy buenos favores y dádivas sin esperar nada a cambio, ya que no necesita favores de nosotros y nada podemos darle. Por lo tanto, dar es algo que debemos practicar sin pensar más que en el beneficio del que recibe. Cuando hagamos un favor, olvidemos nuestro propio provecho y pensemos solo en eso.

Puede que digas: «Afirmas, Lucio Anneo, que debemos seleccionar cuidadosamente las personas a las que hacer algún favor o regalo... Es más, te preguntas cómo y cuándo debería uno hacerlos, cosa que no deberíamos preguntarnos si, como decías antes, la generosidad fuera un valor que debiéramos practicar por sí mismo, pues sus consecuencias son siempre beneficiosas». A esto respondo así: perseguimos la virtud tan solo por la virtud misma. Sin embargo, incluso si no se pretende otro fin, siempre nos preguntamos qué hacer y cómo y cuándo hacerlo. Y es que es en esas decisiones donde radica la virtud. De igual manera, cuando elijo a quién hacer un favor, de hecho estoy asegurándome de que lo que hago es en verdad una buena acción. Pues beneficiar a personas malvadas no puede calificarse de buena acción ni pertenece al ámbito de la virtud.

Saldar una deuda es algo que debemos hacer sin otro motivo que el de devolver lo prestado. Sin embargo, no conviene llevarlo a cabo en cualquier lugar ni en cualquier momento. A veces ni siquiera importa si demoramos el pago o lo realizamos abiertamente. Dado que hay que pensar siempre en el provecho del otro, si sabemos que la devolución va a perjudicar al acreedor, lo adecuado es negársela. Lo mismo sucede con los regalos, favores y buenas obras. Hay que examinar cuándo, cómo, por qué y a quién damos. Que todo cuanto hagamos se realice a la luz de la Razón. No hay favor si la Razón no interviene, pues la Razón es compañera de la virtud.

A menudo las personas que hacen favores o regalos sin ton ni son se quejan diciendo: «Habría sido mejor perderlo que entregárselo a quien se lo he entregado». Están en lo cierto, pues un regalo negligente es el desperdicio más deshonroso. Es peor dar a quien no se debe que no recuperar lo prestado. No somos culpables de que alguien no nos devuelva algo, pero sí somos los únicos responsables de escoger con cuidado a los destinatarios de una dádiva o favor. Sin embargo, al elegir, lo que menos hay que tener en cuenta es lo que tú crees, es decir, quién devolverá lo prestado. A menudo sucede que quien no devuelve el préstamo es el más agradecido y tras el pagador puntilloso se esconde un ingrato. Mi elección se basa siempre en la calidad del corazón del beneficiario. Prefiero un pobre honrado que un rico indigno, pues aquel, incluso en la más negra de las necesidades, agradecerá lo que se haga por él. Aunque todo le falte, conservará esa calidad del corazón de la que te hablo.

Al realizar buenas obras, no busco ganancia, placeres ni gloria. Me conformo con favorecer a una sola persona y mi objetivo es cumplir con mi obligación. Esa obligación, por cierto, está sujeta a elección. Querrás saber en qué me baso a la hora de elegir. Pues bien, elijo ante todo personas sólidas, sinceras, atentas y agradecidas; a las que no echan mano de lo ajeno y no son avariciosas con lo propio; a las que desean el bien al prójimo. Si encuentro una persona con estas cualidades, me doy por satisfecho, aunque al final la Fortuna no le conceda la oportunidad o los recursos para devolverme el favor.

Ahora bien, si por alguna razón la causa de mi generosidad es la ganancia e incurro en la bajeza de calcular quién me ha de devolver lo prestado, no asistiré a los que parten a tierras lejanas ni a los enfermos terminales. Tampoco si yo mismo estoy tan enfermo que no me dará tiempo a recuperar lo prestado. Sin embargo, para que reconozcas que el impulso de hacer el bien al prójimo es algo que debemos practicar con desinterés, te diré que hemos de ayudar siempre a los extranjeros que se disponen a regresar a su tierra; que aparejemos embarcaciones para que los náufragos que han arribado a nuestras costas puedan retornar a su patria. No sabrán quién ha sido su benefactor y, aunque nunca volvamos a verlos, pedirán a los dioses que nos devuelvan el favor en su nombre. A nosotros nos quedará el gozo de saber que hemos llevado a cabo una buena acción, aun sabiendo que no tendrá recompensa.

¿Y qué sucede al final de la vida? ¿Acaso cuando dictamos nuestra última voluntad y testamento no distribuimos regalos y favores que de ninguna forma han de beneficiarnos? Sin embargo, cuánto cuidado ponemos en ello, cuánto pensamos en qué dar y a quién. ¿Qué importa a quién elijamos cuando nada vamos a recibir a cambio? Con todo, nunca ponemos más seriedad ni forzamos más la mente que cuando, completamente olvidados del beneficio, solo tenemos en cuenta la virtud. Mientras nos atenace el miedo y nos espoleen la esperanza y el peligroso vicio del placer, seremos los peores jueces de nuestros favores. Pero en cuanto la muerte elimina las trabas y nos envía un juez de inapelable sentencia, no tardamos en encontrar herederos idóneos y repartimos con absoluta precisión y cuidado todo aquello para lo que ya no hay retorno posible. Por Hércules, qué placer sienten entonces las personas que se dicen: «Enriqueceré a Fulano y mis posesiones añadirán esplendor a las de Mengano». A quienes solo dan cuando están seguros de recuperar lo dado, más les valdría morir sin hacer testamento.

(4.12.4) Si me preguntas qué premio puede uno esperar de un regalo o buena acción, mi respuesta es la siguiente: tener la conciencia tranquila. «¿Qué recompensa se obtiene de favores y buenas obras?», insistes en preguntarme. Dime entonces: ¿Qué recompensa se obtiene de la justicia, la inocencia, la grandeza de corazón, la modestia y la templanza? Si pretendes ganar algo con la práctica

de estas virtudes, lo que persigues no es la virtud. 
¿Con qué finalidad cambian las estaciones? ¿Para 
qué alarga el sol el día y después lo acorta? Son 
favores que suceden solo para nuestro beneficio. 
Igual que el deber del universo es mantener el 
orden de las cosas y el del sol es beneficiarnos, 
cambiando el lugar por el que sale y se pone, y 
ninguno de ellos espera nada a cambio, el deber 
del ser humano es la generosidad. ¿Para qué dar? 
Para evitar el error de no hacerlo y aprovechar la 
oportunidad de obrar bien.

(4.14) El que realiza una buena acción con la mente puesta en obtener una recompensa no está realizando buena acción alguna. Si así fuera, podríamos llamar buena acción a alimentar a los animales 
de los que nos alimentaremos más tarde o utiliza-
mos en las labores del campo. Podríamos llamar 
buena acción a regar los frutales para librarlos de 
la sequía. El campesino no cultiva el campo pensando en la bondad y la justicia. Los negocios nada 
tienen que ver con el corazón. Lo que nos mueve

a la generosidad no es la codicia o el afán de lucro, sino la humanidad, el afán de mejorar el estado de los demás y la voluntad de dar incluso cuando ya hemos dado, de añadir regalos a regalos previos con el único objetivo de beneficiar a la persona que los recibe. Hacer el bien por conveniencia es una bajeza que no merece alabanza de ninguna clase. ¿Dónde está la grandeza del que se ama a sí mismo? ¿Dónde está la grandeza del autoindulgente y el ególatra? La verdadera voluntad de dar nos eleva por encima de tales mezquindades, nos conduce a hacer el bien al prójimo olvidando el beneficio propio y nos enseña a complacernos en ello.

(4.17.12) Igual que no hay una ley escrita que nos obligue a amar a nuestros padres o mantener a nuestros hijos (pues no tiene sentido promulgar leyes que regulen las tendencias naturales); igual que no hace falta obligar a nadie a que se ame a sí mismo, pues es cosa que hacemos desde el nacimiento, así tampoco hay una ley que nos imponga perseguir la virtud. La virtud es tan gratificante de por sí que incluso las personas más malvadas aprueban de forma natural los actos de bondad. ¿Acaso existe una sola persona que no trate de aparentar generosidad, que no cultive una reputación de bondad, aun entre crímenes y maldades, que no oculte bajo un velo de rectitud sus actos más mezquinos, e intente aparentar que beneficia a los que en realidad daña y perjudica? Ese tipo de gente se permite además recibir agradecimientos de aquellos cuya vida ha destrozado y finge bondad y generosidad, aunque es completamente incapaz de tales cosas. Si lo hace es porque el deseo natural de virtud la obliga a ocultar su maldad y a cultivar una reputación contraria a su verdadera forma de ser. Mucha es su codicia por los frutos de la generosidad, pero en realidad solo cosecha odio y vergüenza.

No hay persona que se haya alejado tanto de la Naturaleza y la humanidad como para disfrutar de la maldad por sí misma. Pregunta a cualquier ladrón si no preferiría obtener por medios lícitos lo que consigue robando y descubrirás que los

salteadores y bandoleros, antes que robar, preferirían encontrar por causalidad lo que roban. No 
encontrarás a uno solo que no deseara gozar de los 
beneficios de la maldad sin tener que cometerla. 
La luz de la virtud llega a todas las almas sin excepción. Que no sigamos sus mandatos no quiere 
decir que no los conozcamos.

(4.18) Para que comprendas ya del todo que la 
gratitud es una virtud que hay que perseguir por 
sí misma, repara en que la ingratitud es un defecto que evitamos por sí mismo. Ningún otro defecto desune tanto a los seres humanos y siembra 
entre ellos tanta discordia. Las buenas acciones, en 
cambio, nos permiten albergar la esperanza de que 
nuestras necesidades serán atendidas en el momento oportuno. El intercambio de favores y atenciones nos protege de los reveses e infortunios. 
Imagina que la especie humana consistiera en individuos aislados y sin conexión. ¿Qué sería de 
nosotros? Seríamos víctimas indefensas y presa 
fácil de las fieras salvajes. La Naturaleza provee de

defensas a los animales solitarios, pero tan solo una fina capa de piel protege al ser humano. Desnudos y desarmados, sin garras y colmillos con los que defendernos de otras criaturas, solo en la comunidad[25] podemos hallar refugio.

Dios ha concedido a la especie humana dos dones que la elevan sobre el resto de los seres vivos: la comunidad y la Razón. Gracias a la comunidad, la criatura que, separada de su grupo, estaría en desventaja respecto a todas las demás ocupa de hecho la cúspide de la creación. La comunidad nos permite someter a los animales y además, a pesar de ser criaturas terrestres, nos confiere el poder en otras esferas, como por ejemplo los mares. Nos protege de la enfermedad, nos proporciona apoyo y compañía en la vejez, nos consuela en la aflicción y nos hace invencibles siempre que la Fortuna se abate contra nosotros. No obstante, privar de ella al género humano es romper la unidad que sostiene su vida.

La comunidad desaparece si pensamos que la ingratitud hay que rechazarla no por sí misma sino por temor de algún otro perjuicio. Son muy pocos los que pueden permitirse ser ingratos y salir impunes. Para mí, los verdaderos ingratos son aquellos que practican la gratitud solo por miedo.

(4.20) De nuevo objetas, Liberal, que «En el fondo, algún provecho se obtiene de esta virtud». Evidentemente, como de todas las demás. Practicamos la generosidad por lo gratificante que es, incluso dejando de lado el provecho que se obtiene de ella. La gratitud es útil, sí, pero yo personalmente la seguiré practicando, aunque me produzca perjuicios. (4.20.3) Ingrato es el que está ya pensando en nuevos favores y dádivas al devolver los antiguos. Ingrato es el que, mientras cuida al enfermo que dicta su testamento, tiene la mente puesta en sus propiedades y descendientes. Por mucho que cumplan con los deberes a que nos obliga la amistad, si lo hacen con el pensamiento y la esperanza de incrementar su propia riqueza, no son más que pescadores que lanzan el anzuelo, y colman de atenciones a los enfermos o velan los cadáveres como las aves carroñeras calculan a qué miembro de un rebaño le ronda ya la muerte.

(4.21) ¡Qué diferente es el corazón agradecido, esclavo solo de su propia bondad! ¿Quieres saber de seguro cuándo un corazón no está corrompido por el interés? Lo primero que tienes que saber es que hay dos tipos de personas agradecidas. A algunas se les llama agradecidas porque devuelven lo recibido. Estas pueden exhibir su generosidad, tal vez; tienen algo de lo que presumir. Otras, en cambio, reciben el favor y reconocen la deuda con corazón contento, pero guardan la gratitud en silencio dentro de la conciencia. ¿En qué puede beneficiarles callar el sentimiento? Son incapaces de expresarlo, pero hay que contarlas entre las personas agradecidas, pues aprecian a su benefactor, se sienten en deuda y desean corresponderle. Ya ves que, a pesar de las apariencias, no falta en ellas ningún elemento de la verdadera gratitud.

(4.21.3) Cuando yo deseo devolver un favor, me quedan aún cosas que hacer para saldar la deuda, además de solo desearlo. Por el contrario, para sentir gratitud no hace falta nada. A menudo el ingrato es el que devuelve el favor. Como sucede con todas las virtudes, la medida es el corazón. Si el corazón alberga los sentimientos adecuados, toda falta la podemos achacar a la Fortuna. Igual que el elocuente lo es aunque calle, y el fuerte lo es aunque esté encadenado, la persona agradecida lo es aunque solo disponga de la voluntad de serlo y no tenga otro testigo de ella más que a sí misma. Te digo más: a pesar de que el común de los mortales, con su percepción distorsionada de las cosas, las califique de ingratas, a menudo las personas que parecen desagradecidas son las que están verdaderamente llenas de gratitud. Lo único que hacen es seguir el dictado de su conciencia, y, digan lo que digan los demás, y por mucho que las critiquen y desacrediten, se mantienen firmes en su criterio y no sufre su buena fe los castigos que el vulgo impone a quienes se comportan de manera diferente.

(4.23) ¿Cabe alguna duda de que el curso del sol y las fases de la luna calientan este planeta en el que habita la especie humana? ¿O de que el calor del sol fortalece los cuerpos, ablanda la tierra, elimina el exceso de humedad y disipa la melancolía del sombrío invierno? ¿O de que la influencia de la luna rige los cultivos, la maduración de la fruta y la fertilidad de la especie humana? ¿O de que gracias a la observación del curso del sol hemos podido delimitar el calendario, mientras que el ciclo de la luna nos ha ayudado a marcar el principio y fin de cada mes? Y aunque descartáramos esos efectos secundarios, ¿dejaría de ser el curso del sol un hermoso espectáculo, digno de contemplación? ¿Dejaríamos de observar la luna y de percibir su inmensa belleza si pasara sobre nuestras cabezas como un astro sin influencia ni importancia? ¿A quién no maravilla la contemplación del universo cuando llena la noche del fuego y el resplandor de los astros infinitos? Y, sin embargo, ¿cabe pensar que todo esto tiene lugar para beneficio de quienes lo observan absortos? Mira cómo el ancho cielo disfraza de quietud la velocidad de su movimiento. Considera todo lo que tiene lugar durante esas noches que solo te sirven para contar el transcurrir de los días en el calendario. Piensa en la enorme cadena de sucesos que envuelve su silencio, en la ilimitada secuencia de destinos que se desarrolla mientras recorren su curso. (4.24) ¿No sería lógico que te conmoviera el espectáculo de semejante maquinaria celeste, incluso si su influencia te fuera completamente ajena y no rigiera tu vida, la protegiera, cuidara, nutriera y engendrara?

Así, igual que los astros son útiles y necesarios, nos dan la vida y al mismo tiempo nos fascinan con su belleza, cualquier tipo de virtud, especialmente la gratitud, nos beneficia desinteresadamente porque guarda en su interior algo muy valioso, que es imperceptible para quien solo piensa en la utilidad o el provecho. Esto se debe a que quien hace un despliegue de gratitud con la mente puesta en el beneficio que obtendrá de ello, solo lo hará en proporción al beneficio que espera obtener. La gratitud no admite a la conveniencia como compañera, pues tan solo puede practicarse con desinterés. El que actúa con gratitud no lo hace por conveniencia, sino porque lo conveniente es actuar así.

(4.25) Lo ideal es vivir conforme a los preceptos de la Naturaleza y seguir el ejemplo de los dioses. Para ello hay que tener presente que el único objetivo de los dioses es hacer el bien. A no ser, por supuesto, que seas de los que creen que los dioses reciben algún tipo de recompensa por medio del humo de los sacrificios y el aroma del incienso. Piensa en todo lo que hacen los dioses cada día y con qué generosidad reparten sus dones; la cantidad de frutos con los que colman la tierra, cómo envían los vientos que mueven los mares y facilitan la navegación, lo oportunamente que hacen caer la lluvia que empapa la tierra y rellena las venas secas de los manantiales, renovando, al mismo tiempo, los minerales que los nutren. Todo ello lo hacen sin esperar recompensa ni beneficio. Sigamos su ejemplo y adoptemos el principio de no realizar buenas acciones a cambio de un salario, ni rebajarnos a asignar un precio a los favores o regalos. Al fin y al cabo, los dioses nada nos piden a cambio de lo que nos dan.

*En los restantes tres libros del tratado, Séneca se ocupa de ciertos problemas específicos de la ética del dar. El diálogo con Liberal se vuelve más casuístico y menos edificante. Posiblemente el autor los añadiera tras completar los cuatro primeros. Esta edición incluye solamente algunos pasajes.*

*El siguiente, por ejemplo, trata de uno de los temas favoritos de Séneca (que también toca en* El arte de mantener la calma, *publicado en esta colección): que los defectos de la especie humana son universales, por eso debemos perdonarlos de manera igualmente universal. A continuación, pasa a otro de los temas centrales de su obra (del que trata en* El arte de morir*): la sombra que la muerte arroja sobre las elecciones y los valores de los seres humanos.*

(5.15) ¿Crees que nadie es ingrato? Yo creo más bien que, por el contrario, todo el mundo lo es, pues, como te decía antes, todos los necios son malvados y el que tiene un defecto los tiene todos. Y como todo el mundo es necio, todo el mundo es malvado, de ahí, entonces, que también todos sean ingratos.

¿Crees que me equivoco? ¿Crees de verdad que la acusación no afecta al género humano en su conjunto? ¿Pues no ves acaso cómo es motivo de pública indignación que los favores y regalos se malgasten como se malgastan y que abunde la gente que maltrata con la peor saña a quienes los han tratado bien? (5.17.3) El estudio de nuestra historia me ha llevado a la conclusión de que somos una nación de ingratos. Si cada cual hiciera examen de conciencia, se demostraría que todo el mundo conoce a alguien a quien puede acusar de ingratitud. Y la única forma de que todo el mundo pueda expresar la misma queja es que todo el mundo pueda ser acusado del mismo defecto. Esto significa que todo el mundo, como decía, es culpable de ingratitud.

Pero ¿se trata solo de ingratitud?[26] No, por cierto. Se trata también de avaricia, mala intención y cobardía (sobre todo, por parte de los que parecen más osados). Y añade también la ambición y la prepotencia. En todo caso, no nos dejemos llevar por la ira y perdonemos las faltas, porque lo que sucede es que estamos todos locos.

No quiero que nos perdamos por oscuros derroteros. Te haré, por eso, la siguiente observación: fíjate qué ingrata es la juventud. ¿Qué hijo, por muy virtuoso que sea, no espera la muerte de su padre? ¿Cuál, por mucha obediencia, responsabilidad y templanza que ostente, no piensa en ella o la desea? ¿Qué marido no teme la muerte de su esposa en la misma medida que calcula las probabilidades de que suceda? ¿A qué acusado absuelto de un crimen le dura más de un día la gratitud por el enorme servicio que su defensor le ha prestado?

La verdad de las verdades es que todos morimos entre lamentos. Nadie llega a su última hora diciendo «Hasta aquí he vivido y aquí termina el tiempo que me ha concedido la Fortuna». Todos abandonamos el mundo entre protestas y gemidos. Esa falta de satisfacción es indicio de ingratitud. Siempre nos parecerán pocos los días vividos, por eso no conviene tener la duración de la vida por bien supremo. Consideremos un regalo el tiempo que nos toque. Por mucho que se demore el día de tu muerte, eso no aumentará tu fortuna. Tu vida no será más feliz por ello, solo más larga. Cuánto mejor es sentirse agradecido por las buenas cosas que la vida nos ha deparado y, sin que nos importe si los demás viven muchos o pocos años, contemos los nuestros como una ganancia y pensemos: «Esta es la vida que dios me ha dado, y me conformo. Podría haber sido más larga si así lo hubiera él dispuesto, pero aun así es un regalo suyo, no un mérito mío». Mostremos gratitud a los dioses, a la humanidad, a los que nos hacen favores y regalos o se los hacen a nuestros seres queridos.

*En sus obras, Séneca acostumbra a escuchar las objeciones de interlocutores imaginarios para después ofrecer una réplica (esto ha llevado a ciertos estudiosos antiguos a calificar sus tratados de «diálogos»). En el siguiente párrafo, Séneca regresa a la distinción entre el regalo y el préstamo, recurriendo a la discusión con un interlocutor imaginario que le acusa de falta de precisión para distinguir ambas categorías.*

(5.20.6) Me dirá alguno: «¿Por qué te esfuerzas tanto en dilucidar quién es realmente merecedor de nuestras buenas acciones? Podría pensarse que esperas algún tipo de pago a cambio». Como ves, hay quien opina que jamás hay que exigir el pago de una deuda. Las razones para ello son siguientes: «El ingrato no devolverá nada por mucho que se le pida; el agradecido lo hará de buen grado. Además, cuando se favorece a una buena persona, hay que esperar confiados en que saldará la deuda y no ofenderle pensando que no tenía intención de hacerlo. Si beneficias a personas ruines, sufres su ruindad, pero no estropees el favor o el regalo, transformándolo en un préstamo».

(5.20.7) Mientras no me vea en apuros y la Fortuna no me fuerce a ello, prefiero dar mis buenas acciones por perdidas que pedir que me las devuelvan. Pero si está en juego la salud de mis hijos, si mi esposa corre algún peligro, si la seguridad y libertad de la patria me obligan a lo que no deseo, entonces no me quedará más remedio que tragarme el orgullo y, a pesar de haber hecho cuanto había en mi mano para no pedir ayuda a personas ingratas, la necesidad de recibir un favor prevalecerá sobre la vergüenza de exigir el pago de los que se me deben. Y es que, como te he dicho antes, cuando hago favores a buenas personas es siempre con la intención de no reclamarlo jamás, excepto en caso de necesidad extrema.

(5.21.2) «Pero eso es convertir un favor en un préstamo», protestas. En absoluto. No exijo el favor, solo pido la recompensa; de hecho, más que pedirla, me limito a recordarla. Ni siquiera la extrema necesidad me obligará a discutir con nadie. Si una persona es tan ingrata que la sola mención de los favores recibidos no la hace reaccionar, desistiré de mi empeño y en adelante la contaré entre esos seres viles a los que hay que obligar a practicar la gratitud.

(5.22) Existe también un tipo de personas que no niegan los favores recibidos, pero tampoco los agradecen. No tienen la bondad del agradecido, pero tampoco se les puede achacar la maldad del ingrato. Lo que les sucede, sencillamente, es que son perezosos y todo lo dejan para mañana. Es cierto que tardan en saldar las deudas, pero en realidad no lo hacen con mala intención. A este tipo de personas yo no suelo exigirles nada, me basta con regañarles ligeramente y recordarles su obligación. Lo más normal es que se den cuenta de inmediato y digan: «Por Hércules, perdóname, Lucio Anneo. No era consciente de tu necesidad, de lo contrario no habría tardado en acudir en tu socorro. Por favor, no me tengas por ingrato, que nunca he olvidado cuánto has hecho por mí». ¿Por qué no tratar de motivarlos a mejorar su comportamiento, tanto por su bien como por el mío? Siempre intentaré ayudar al prójimo a no caer en el error, sobre todo si se trata de un amigo. En primer lugar, para beneficiarlo, y, lo que es más importante, para no salir perjudicado yo. Buscaré la manera de hacerle un nuevo favor si de esa manera evito que se convierta en un ingrato. Es más, si he de refrescarle la memoria, lo haré con delicadeza, no con reproches, porque así comprenderá rápidamente la situación en que me hallo y no perderá la oportunidad de demostrar su gratitud.

(5.23) Igual que hay personas con las que funciona mejor una amonestación que una reprimenda, también hay a quien por mil motivos se le adormece el sentido de la gratitud. A estos hay que espabilarlos, pero con cuidado de no ofenderlos sin querer.

*En el sexto libro, Séneca retoma la idea de que los dioses son el modelo de la generosidad, desarrollada en los li-*

*bros 2 y 4. En esta ocasión, trata el tema desde un punto de vista marcadamente astronómico, pues a su entender los planetas y demás cuerpos celestes son la encarnación de su benevolencia, si no dioses en sí mismos. Una vez más, Séneca recurre a interlocutores imaginarios, en este caso, una persona que no cree que el sol o la luna merezcan nuestra gratitud. La discusión gravita alrededor de la cuestión de si los cuerpos celestes son en realidad benévolos, es decir, si tienen realmente algún deseo o intención de beneficiar al ser humano.*

(6.19.5) Para que una acción me obligue, debe hacerse *en mi beneficio*. «Si eso es así, los favores del sol y la luna no nos obligan a nada, pues los astros no se mueven en nuestro beneficio», dirás tú. A esto respondo que, dado que se mueven con el fin de preservar el cosmos, del cual yo soy parte, también lo hacen en mi beneficio. Sin duda, nuestra naturaleza es distinta. No podemos sentirnos obligados por las buenas acciones o favores de quienes pretenden ayudarse a sí mismos a través nuestro, pues en estos casos, solo somos instrumento de su propio beneficio. La luna y el sol, aunque tienen sus razones, no se benefician a sí mismos del provecho que nos causan, pues, en el fondo, ¿cómo podríamos corresponderles?

(6.21) «Pues yo aceptaría que el beneficio del sol y la luna fuera voluntario si pudieran no querer hacerlo, pero entiendo que no pueden elegir detenerse. Y si no estoy en lo cierto, que se paren y se tomen un descanso de su actividad.» Tu argumento no se sostiene: para empezar, la buena voluntad de los astros no cesa porque no pueden detenerse, en eso estamos de acuerdo. Pero eso no solo no implica que no la tengan, sino que de hecho es indicio de su firmeza. La persona de bien no puede dejar de hacer el bien, porque entonces dejaría de ser lo que es. Por lo tanto, no favorece a nadie, sino que solo cumple con su obligación. (6.21.4) «Pues que lo demuestren dejando de querer», arguyes. Respóndeme a esto, entonces: ¿Qué locura es esa de decir que solo existe voluntad cuando no existe el riesgo de que cese y se convierta en lo contrario, si sabemos que nadie quiere más que la persona cuya voluntad es tan firme que se vuelve eterna? Si dices que quien quiere de verdad puede dejar de querer en cualquier momento, ¿por qué no va a querer de verdad la persona que no concibe el no querer?

«De acuerdo, pues que los astros se detengan, si es que pueden.» Observa bien el alcance de tus palabras: lo que propones es que los objetos celestes, colocados a enorme distancia los unos de los otros para beneficio del universo, abandonen su curso; que las estrellas colisionen en un súbito caos de materia, y que, al romperse la armonía de las cosas, se derrumbe también el orbe de lo divino, y el universo, con su incomparable velocidad, detenga de pronto las órbitas de los astros, determinadas desde hace siglos y siglos, y que todo lo que hasta ahora se ha movido con total armonía para que la tierra gozara de su temperatura justa, se consuma en una súbita deflagración. Que la diversidad se disuelva y retorne todo a la no determinación. Que todo lo consuma el fuego, y luego, que la tenebrosa noche lo engulla, y un abismo infinito devore a los dioses sin excepción.

¿Es necesaria la ruina del cosmos para sacarte de tu error? Lo quieras o no, los cuerpos celestes te benefician y orbitan por tu bien, a pesar de que comenzaran a hacerlo por razones que no comprendes.

(6.23) Ten en cuenta también que nada obliga a los dioses y que su voluntad es eterna y obedece a sus propias leyes. Lo que ellos establecen no está sujeto al cambio. No hacen nada que no quieran hacer. Si hay algo que no pueden detener es porque quieren que continúe. Además, ni se arrepienten de sus decisiones ni les está permitido parar o retirarse, porque su naturaleza los impele a perseverar en sus propósitos. Esta constancia suya no se debe a falta de poder o debilidad, sino a que no les place apartarse de la perfección y a que está determinado desde el principio de los tiempos que se comporten así. Y en ese principio, cuando ordenaron y pusieron en marcha el cosmos, ya tenían en cuenta a la humanidad. Por lo tanto, no es justo decir que vagan por el firmamento y realizan su obra tan solo por su propio beneficio, ya que los seres humanos somos parte de su obra.

Por lo tanto, sí que tenemos una deuda de gratitud con el sol, la luna y el resto de los cuerpos celestes. Cierto es que recorren los cielos por causas más elevadas que nosotros, pero no por ello dejan de prestarnos ayuda y concedernos favores. A lo dicho hay que añadir algo más: que su ayuda es consciente, lo cual nos convierte en sus deudores. Los regalos y favores no nos caen del cielo de manos de seres ignorantes. Los dioses saben de antemano qué recibimos y por qué. Y aunque sus propósitos y sus fines no se limiten a la mera conservación de los seres mortales, desde la creación del mundo han tenido siempre en mente nuestro beneficio. La forma en que han ordenado el universo revela que nuestro bienestar no ha sido para ellos un asunto sin importancia.

Debemos respeto a nuestros padres, a pesar de que muchos de ellos no tenían intención de engendrarnos. Sin embargo, en lo que a los dioses se refiere, es inimaginable que no supieran lo que hacían cuando decidieron proporcionar ayuda y sustento constante a los seres vivos. No es concebible que crearan por accidente a la humanidad, por la que tanto han hecho.

La Naturaleza nos había imaginado antes de crearnos. No somos un invento trivial, azaroso. Mira si no cuánto nos ha concedido y cómo el poder de la especie humana se extiende mucho más allá del reino de lo propiamente humano. Observa la movilidad que la Naturaleza ha concedido al cuerpo humano, capaz de llegar a cualquier lugar del planeta despreciando los límites terrestres. Observa la audacia de la mente humana, la única de la creación que es capaz de conocer a los dioses, o al menos de buscarlos y unirse a ellos gracias a la Razón. Sabrás así que la humanidad no es fruto de la improvisación o la suerte ciega. De todos los seres que ha creado la Naturaleza, de ninguno se siente más orgullosa que del ser humano, y ciertamente tampoco hay otro capaz de comprender su orgullo.

Por lo tanto, poner en duda el favor de los dioses es una terrible necedad. Si negamos habernos beneficiado de la generosidad de seres que nunca dejarán de dar y nunca recibirán nada a cambio, ¿cómo mostrar gratitud a aquellos otros cuyos favores solo se pueden agradecer mediante gasto y dispendio?[27]

*El fragmento final de* El arte de dar y recibir *trata sobre el defecto de la ingratitud. Séneca vuelve sobre el tema, esta vez desde un punto de vista más compasivo que en los libros 2, 3 y 4. En esta ocasión, parte de la falibilidad esencial del ser humano para afirmar que los ingratos, como otros pecadores, merecen perdón e indulgencia. Para ilustrar el concepto recurre a una gráfica analogía en la que compara a la especie humana con un ejército que saquea una ciudad. ¿A quién, en medio de semejante caos, se le puede exigir rectitud en el comportamiento?*

*Séneca pretende demostrar que la única forma de perseverar en la generosidad (es decir, de practicar la virtud) es reconocer la ingratitud esencial que nos aqueja. El ser humano no debe permitir que la decepción ante la ingratitud ajena le impida practicar la generosidad.*

(7.26) Acabas de hacer la pregunta más esencial de todas y la más adecuada para dar fin a este tratado: ¿cómo tratar a las personas ingratas? Según mi parecer, con tranquilidad, tolerancia y buen corazón. Por muy desagradecida, desatenta y desconsiderada que pueda ser una persona, no te arrepientas nunca de la decisión de dar. Que la ira no te lleve a decir: «Ojalá nunca lo hubiera hecho». Al contrario, complácete de los malos resultados de tu generosidad. Si tú no te arrepientes del favor que has hecho, los remordimientos serán para quien lo haya recibido. Y tampoco te sorprendas o indignes como si fuera algo inaudito. Más bien al contrario, lo que debería ser motivo de sorpresa es que el resultado hubiera sido otro. Unos no muestran gratitud por el esfuerzo que implica; otros, por el gasto; otros, por la cobardía de mostrarse vulnerables; otros, porque sienten la estúpida vergüenza de reconocer que, al haber recibido, están en deuda; otros, por no verse forzados a devolver lo recibido; otros, porque ignoran sus obligaciones, y finalmente, otros que dicen estar muy ocupados. Fíjate en la codicia humana, hambrienta eternamente y sedienta de deseos, y descubrirás sin sorpresa que, si nadie agradece nada, es porque nadie cree haber recibido lo suficiente. ¿A quién conoces de carácter tan firme y sólido como para recibir tus favores? Unos arden de lascivia, otros son esclavos de la gula, otros, de la avaricia, a otros los consume la envidia, a otros los ciega de tal modo la ambición que son capaces incluso de alzarse en armas. Añade a todo esto, por un lado, la falta de inteligencia y la vejez y, por otro, la inquietud y el constante tumulto del corazón inconstante. Añade también un amor propio exacerbado y la arrogancia del prepotente, merecedores solo de desprecio. No olvidemos la persistente tendencia a la depravación o la superficialidad de quienes se pasan la vida cambiando de una cosa a otra. Y no nos dejemos en el tintero la osada imprudencia, el miedo, consejero funesto y los otros mil defectos que nos enredan. No pases por alto tampoco el atrevimiento de los cobardes, la discordia entre familiares y, por supuesto, nuestro vicio nacional, la confianza en lo incierto y el desprecio de las posesiones que en el pasado desesperamos de llegar a conseguir. ¿Albergas aún la esperanza de encontrar lealtad, que es la más estable de las virtudes, en medio de semejante ramillete de nefastas pasiones?

(7.27) Para que te hagas una idea de cómo es la vida humana, imagina un ejército que saquea una ciudad. La humillación y la injusticia están a la orden del día; reina la violencia, como si los clarines hubieran dado la señal de arrojarlo todo al caos; es el imperio de la espada y el fuego; la ley no protege del crimen a nadie; la religión, habitual escudo de los desamparados ante las armas enemigas, no puede contener a los saqueadores, que arrasan con lo sagrado, con lo profano, con lo privado y con lo público. Rompen las puertas, escalan los muros, echan abajo lo que les impide el paso y rebuscan el botín entre los cascotes. Uno se lleva lo que encuentra sin cometer asesinatos; otro se lleva su parte con las manos ensangrentadas, y ninguno deja de llevarse lo que no es suyo. Si entre los saqueadores esperas encontrar a alguien que devuelva lo robado, es que el espectáculo de la codicia humana te ha trastornado y has olvidado nuestro destino común. ¿Te indignan las personas ingratas? Indígnate también por los autocomplacientes, los avariciosos, los promiscuos... Sí, la ingratitud es un grave e insoportable defecto, que deshace el vínculo que une a los seres humanos y quiebra la armonía que protege nuestra fragilidad. Y sin embargo, es tan común que ni los que la condenan se libran de ella.

¿Y tú? ¿Devuelves los favores que te hacen? ¿Alguna vez se te olvida alguno? ¿Conservas en la memoria el recuerdo de todas las veces que alguien ha hecho algo por ti? Haz examen de conciencia y descubrirás que lo que se te dio en la niñez se esfumó antes de llegar a la adolescencia, y que lo que recibiste cuando eras joven lo olvidaste antes de envejecer. Unos favores se desvanecen, otros los ignoramos, unos desaparecen poco a poco de la memoria y en otros simplemente no volvemos a pensar. Pero perdonemos a la débil memoria humana, frágil y limitada, obligada a desalojar tanto como recibe, y a descartar lo viejo para hacer sitio a lo nuevo. (7.28.2) Obsérvate bien y descubrirás en ti el defecto que tanto criticas. Serás injusto si te enoja el defecto público y necio si te enoja el propio. Perdona si quieres que te perdonen. Ayudarás a los demás a ser mejores si eres indulgente con sus faltas, pero si se las reprochas, contribuirás a que empeoren. Que no frunzan el ceño por tu causa, que conserven la dignidad que les quede. A menudo la voz de quien nos critica derrumba una débil estructura de valores. No nos preocupa ser lo que parecemos, pero si nos sorprenden con las manos en la masa, perdemos el sentido de la vergüenza.[28]

(7.29) Te quejas de haber desperdiciado un favor, pero ¿das por «perdido» lo consagrado a los dioses? No olvides que un favor o buena obra realizados de forma adecuada, aunque se agradezcan mal, pertenecen al ámbito de lo sagrado. Quizá el beneficiario no era la clase de persona que esperabas, pero lo importante es que tú no dejes de ser la clase de persona que eres. Se manifiesta ahora la pérdida que tuvo lugar hace mucho tiempo. Cuando criticamos a un ingrato, algo de crítica cae sobre nosotros también, pues al reconocer que hemos desperdiciado un favor, no nos queda más remedio que reconocer nuestro error al concederlo a quien no lo merecía. En la medida de lo posible, aboguemos por el ingrato ante el tribunal de la Razón: «Quizá no pudo mostrar gratitud, quizá no supo hacerlo, quizá lo haga en el futuro». El acreedor paciente y sabio aligera las deudas concediendo plazos. Imitémoslo.[29] Fomentemos la confianza si vemos que se debilita.

(7.30) Te quejas de haber desperdiciado un favor. Tu queja es necedad porque ignora cuándo tuvo lugar la pérdida. Lo desperdiciaste cuando lo concediste, aunque sea ahora cuando te das cuenta. En la peor de las pérdidas, la moderación es el mejor bálsamo. Los defectos del corazón, como los del cuerpo, se curan con delicadeza. A menudo el ovillo que la paciencia desenreda vuelve a enredarse por culpa de un brusco tirón.[30] ¿De qué sirven las palabras violentas, las protestas o los insultos? ¿Por qué no perdonar a los deudores? ¿Por qué no liberarlos de la deuda? ¿Qué importa si no demuestran su gratitud? En el fondo, no te deben nada. Agobiándolos con exigencias corres el riesgo de transformar a un posible amigo en un enemigo mortal que intente librarse de la deuda calumniándote. No faltará quien comente: «No comprendo cómo Fulano ha llegado a aborrecer a quien tantos favores le ha hecho. Algo tiene que haber sucedido entre ellos». Cualquiera puede ensuciar, e incluso arruinar, la reputación de alguien de mejor posición social, y además no se contentará con simples rumores sin importancia, sino que magnificará las calumnias para hacerlas más verosímiles.[31]

(7.31) Cuánto mejor es el camino de conservar la apariencia de amistad, e incluso recuperarla por completo, si el ingrato cambia de actitud. A los malintencionados se les vence con buena voluntad y constancia. Nadie tiene el corazón tan duro y está tan lleno defectos que no sienta amor por las buenas personas, incluso si las perjudica y queda de nuevo en deuda con ellas porque no castigan su ingratitud. Lo mejor que puedes hacer si no te corresponden los favores es imitar a los dioses, benévolos creadores de todas las cosas, que benefician tanto a quienes no los conocen como a quienes les son ingratos. Hay quien los acusa de no cuidar de los seres humanos; hay quien les recrimina no repartir sus dones de manera equitativa; hay quien afirma que no pertenecen a este mundo y los califica de vagos, perezosos, oscuros e inútiles; y no faltan quienes dicen que el mismo sol —que nos salva de la tiniebla eterna, rige las estaciones, fortalece los cuerpos, sazona los sembrados, madura los frutos y divide nuestro tiempo en trabajo y descanso— no es un dios, sino una roca o un cúmulo de llamas sin sentido.

Sin embargo, igual que los buenos padres que no se toman en serio las palabrotas que dicen sus hijos, los dioses siguen beneficiando a los seres humano, incluso a los que ponen en duda el origen de tales favores. Reparten favores sin fin entre los pueblos y las naciones, y teniendo por soberana potencia el hacer el bien, mueven los mares con el viento, señalan el principio y el fin de las estaciones con el curso de los astros, suavizan los rigores del verano y el invierno con épocas de temperaturas suaves, y soportan con calma y paciencia infinita los errores del alma humana. Imitémoslos, Liberal. Demos, incluso si gran parte de lo que damos acaba por no servir para nada. Demos a pesar de todo. Demos incluso a quienes nos perjudican. La ruina nunca ha impedido que la gente siga levantando edificios. Cuando un incendio destruye hasta los templos de los dioses, no se han terminado de enfriar las cenizas cuando ya está el hombre asentando los pilares de la ciudad nueva, en el mismo lugar donde se consumió la antigua. Con semejante perseverancia se aferra el corazón a la esperanza. Cesarían las obras humanas en mar y tierra si no nos obstináramos en volver a intentar las cosas en las que hemos fracasado.

«Los ingratos no me hieren a mí, sino a sí mismos, pues la recompensa de mis favores es el haberlos hecho. No dejaré de hacerlos, si bien seré más selectivo. Lo malgastado en unos lo recuperaré de otros, pero incluso a aquellos los volveré a beneficiar. Y como el buen agricultor, venceré al suelo yermo con esfuerzo y cuidados. Quizá es cierto que yo he desperdiciado un favor, pero los ingratos son un desperdicio para la humanidad. Hacer favores y desperdiciarlos no es propio de corazones grandes, pero sí lo es seguir haciéndolos a pesar de haberlos desperdiciado.»

*Aquí concluye* De beneficiis. *No obstante, Séneca retoma el tema de la gratitud y la generosidad en sus* Epístolas morales, *una serie de cartas de temas variados que redactó al final de su vida. A continuación, ofrecemos los últimos párrafos de la* Epístola 81, *en la que vuelve sobre algunos de los temas centrales del tratado (y que es considerada por el mismo Séneca como una secuela de esta obra).*

# EPÍSTOLA MORAL 81

(19) Es obligación moral del ser humano practicar la gratitud tanto como sea posible. Esto se debe a que, a diferencia de la justicia (aunque muchos piensen lo contrario), la gratitud depende completamente de la voluntad de la persona y en gran parte redunda sobre sí misma. La justicia, por el contrario, depende de los demás. Es decir, que quienes ayudan al prójimo se ayudan a sí mismos, y no porque el que haya recibido ayuda se sienta en la obligación de corresponder, o el defendido se sienta en la de proteger, o porque el buen ejemplo retorne como en un círculo al que lo da (del mismo modo que el mal ejemplo termina perjudicando al que lo comete, por eso a menudo los ofendidos

no reciben compasión, pues han demostrado con ofensas previas que es posible ofender al prójimo), sino porque la recompensa de la virtud es la virtud misma. La virtud no se practica de acuerdo con una lista de premios. La recompensa de hacer una buena obra es haberla hecho.

Si muestro gratitud a alguien, no es para que los demás sigan mi ejemplo y me correspondan de mejor grado, sino para llevar a cabo una acción bella y gratificante. No es la conveniencia lo que me mueve, sino el placer. Te pondré un ejemplo: si solo pudiera practicar la gratitud aparentando ingratitud, si solo se me permitiera devolver un favor aparentando realizar un perjuicio, yo optaría, con total serenidad, por realizar el acto virtuoso, por mucho que se resintiera mi buena reputación. Creo que nadie estima en tanto la virtud ni se compromete tanto con ella como el que sacrifica la buena reputación para vivir con la conciencia tranquila. Por eso siempre digo que la gratitud nos produce más beneficio a nosotros que a los demás. Otros sienten el placer vulgar y corriente de recuperar el favor concedido. Sin embargo, tú experimentas un goce lleno de dignidad, que procede del más noble sentimiento del corazón: la gratitud. Porque si la falta de moral nos hace desgraciados y, como hemos dicho, la gratitud es una virtud, entonces al devolver algo trivial obtienes algo extraordinario: la conciencia de la gratitud, que solo se da en los corazones divinos y venturosos.

La infelicidad más negra es compañera de la ingratitud. Nadie se trata bien a sí mismo si no trata bien al prójimo. No quiero decir con esto que el ingrato será desdichado a largo plazo. No hay dilación. El ingrato es desgraciado instantáneamente. Así pues, evitemos la ingratitud por nuestro propio bien. A los demás solo les afecta una ínfima parte de sus efectos. La mayor parte, y me atrevo a decir que la más perjudicial, afecta y atormenta al que la inflige. Como decía mi maestro Atalo: «La maldad se bebe la mayor parte de su veneno». Este veneno no es como el de las serpientes, que mata a sus víctimas sin afectarlas a ellas: sus efectos son peores para quienes los poseen. El ingrato se azota y tortura a sí mismo. Odia los favores que recibe porque sabe que tendrá que devolverlos y por eso los desprecia, mientras que acrecienta y magnifica las ofensas que ha sufrido. ¿Qué puede ser peor que olvidar lo bueno y aferrarse a lo malo?

Por otra parte, la sabiduría ennoblece los regalos y favores, les otorga el valor que les corresponde y se deleita al recordarlos. Las personas mezquinas sienten un único y efímero placer: el de recibir favores o regalos. Las personas sabias, en cambio, obtienen de ellos un placer intenso e imperecedero, pues no se deleitan en recibir sino en haber recibido. Desdeñan las ofensas y las olvidan de forma voluntaria, no por descuido. No buscan defectos a todo ni culpan a los demás, sino que atribuyen a la mala suerte los defectos y faltas ajenas. No reprochan las palabras malintencionadas ni las miradas de desprecio que la gente pueda dirigirles, y consideran que la causa de los errores suele deberse a algún malentendido.

(27) La gratitud exige el desprecio de las comodidades que tanto nos deleitan. Para corresponder a un favor quizá sea necesario partir al exilio, derramar sangre, sufrir privaciones, ver mancillada la dignidad propia y soportar el insulto y la calumnia. Mantenerse fieles a sí mismas no es tarea fácil para las personas agradecidas.

Nada vale más que un favor cuando lo pedimos y nada vale menos que ese mismo favor una vez obtenido. ¿Quieres saber por qué motivo olvidamos lo recibido? Por el deseo de recibir más. No tenemos presente lo conseguido, sino lo que queda por conseguir. La riqueza, los cargos públicos, las influencias y todo aquello que a ojos de las personas corrientes es valiosísimo, pero que en sí mismo carece de importancia, nos aleja del camino recto. Seguir el criterio de la opinión pública en lugar del de la naturaleza a la hora de conferir valor a las cosas es un grave error. Esas cosas que acabo de mencionar nos deslumbran solo por hábito. No les conferimos valor porque la gente las desee, sino al revés: las deseamos porque la gente les confiere valor. Así, el error individual conduce al error colectivo, que a su vez conduce a más errores individuales.

Así, del mismo modo que dimos crédito a esas ideas en el pasado, confiemos ahora en el mismo pueblo que las creyó: nada hay más digno sobre la faz de la tierra que un corazón agradecido. Los habitantes de todas las ciudades del mundo, países bárbaros incluidos, proclaman esta verdad al unísono. Las buenas y malas personas opinan de igual forma. Habrá quien elogie los placeres, habrá quien elogie el esfuerzo; habrá quien considere que el dolor es el mal supremo, y otros no lo considerarán ni siquiera un mal. Habrá quien tenga a la riqueza por el mayor bien y habrá quien opine que la riqueza es el peor flagelo de la humanidad y que no hay persona más rica que aquella a la que la Fortuna no tiene nada con que tentarle. Ya ves que existen opiniones de todas clases, pero todo el mundo coincide en afirmar que hay que mostrar gratitud a quienes son generosos con nosotros. En este punto, todo el mundo está de acuerdo, y mientras tanto, el ser humano seguirá pagando favores con desprecios y la principal causa de la ingratitud seguirá siendo que es imposible ser lo suficientemente agradecido.

A tal extremo llega nuestra locura, que se ha vuelto peligroso conceder excesivos favores a alguien, pues puede suceder que el beneficiario se avergüence de no poder pagar y trate de eliminar al acreedor. No existe en el mundo odio más destructivo que el desatado por culpa de un favor mal hecho. «Quédate con los favores. Ni los reclamo ni los deseo. Que ayudar al prójimo no me suponga un peligro.»

# NOTAS

1. Los números de referencia al libro, capítulo y (ocasionalmente) sección que proporcionamos en la presente edición ayudan al lector a acudir al original latino. También sirven de guía de la antología. Las referencias numéricas aparecen siempre que se produce un salto o se omite un trozo del texto original. La referencia numérica a la sección (por ejemplo, el 9 en 1.1.9) indica que la selección comienza en medio de un capítulo del texto latino.

2. La voz latina *animus*, a menudo interpretada como «mente», «ánimo» o «espíritu», se traduce en esta edición por «corazón», sede de las emociones y los pensamientos en la filosofía senequiana.

3. A lo largo del tratado, el autor contrasta la dimensión moral del «dar» y del «prestar» o llevar a cabo transacciones comerciales. Lo habitual es que las diferencie claramente, pero en esta primera com-

paración pretende poner de manifiesto un aspecto que ambos deben tener en común.

4. En sus ensayos, Séneca detiene frecuentemente su argumentación para que un interlocutor anónimo (generalmente ficticio) exprese su desacuerdo, a veces dirigiéndose a él como «tú», otras como «él», otras como «alguien» o «cualquiera», e incluso otras, como en este caso, sin dirigirse a nadie en particular. Séneca responde con un contrargumento en cuanto la voz discrepante termina de hablar.

5. Séneca transforma verbalmente la palabra *beneficium*, que solemos considerar como «la cosa dada», en el acto de dar; lo «dado» es una cuestión secundaria.

6. Verso ligeramente modificado de las *Geórgicas* de Virgilio, 4.132.

7. Durante las guerras civiles que asolaron Roma en los siglos anteriores al nacimiento del autor, los cabecillas de cada facción usaban la proscripción para deshacerse de sus enemigos (a veces en masa). Los proscritos (es decir, aquellas personas cuyo nombre aparecía en una lista negra pública) podían ser asesinados por cualquier ciudadano a cambio de una recompensa.

8. He decidido conservar el sexismo implícito en esta oración, aunque naturalmente los contemporáneos del autor no habrían visto nada de raro en ella.

9. Empleados en la caza mayor.

10. Séneca sabe bien de lo que habla, pues durante la redacción del tratado desempeñaba el cargo de jefe de ministros de Nerón.

11. Filósofo griego del siglo III a. C.

12. «Periódico» es un pequeño anacronismo. Las actas que se colgaban a diario en el foro, a las que se refiere Séneca, cumplían más o menos la misma función que los actuales periódicos.

13. Sobre la proscripción, ver nota 7. Los miembros del Segundo Triunvirato —Octavio (más tarde conocido como Augusto), Marco Antonio y Lépido— recurrieron a ella para consolidar su poder sobre Roma en las guerras posteriores al asesinato de Julio César.

14. Séneca compara al benefactor que exhibe al beneficiario con los generales romanos que hacían participar a los prisioneros de guerra en los desfiles triunfales por las calles de Roma.

15. Los romanos de clase alta disponían de hielo para enfriar sus bebidas. Se transportaba desde las montañas por medio de un sistema de postas.

16. En el período helenístico hubo dos reyes llamados Antígono, ambos fabulosamente ricos. El texto podría referirse a cualquiera de ellos. Un talento de plata equivalía a 6.000 dracmas, suma muy respetable en la época. Los cínicos despreciaban el dinero, vestían harapos y se dedicaban a la mendicidad. El denario mencionado unas líneas más adelante es una moneda romana de escaso valor.

17. Una postura un tanto arriesgada en el caso de Séneca, que adopta una actitud cínica en su desdén por las riquezas materiales cuando en realidad era poseedor de una de las mayores fortunas de la Roma de su época.

18. Séneca llama «nuestro» a Crisipo, filósofo griego de la escuela estoica, pues tanto él como sus contemporáneos estoicos romanos lo consideraban un espíritu afín.

19. Estos codiciados cargos se nombran aquí en orden ascendente.

20. Quizá se refiera a los dioses como colectivo. La palabra *parens* puede ser femenina, pero Séneca la usa en masculino.

21. Importante escultor y arquitecto de la Atenas clásica, autor de la mayor parte del Partenón.

22. Es habitual en Séneca (y otros autores clásicos) el referirse a «dios» (*deus*) en singular, aunque, por supuesto, creyera que ese espíritu unificado se manifestaba en una pluralidad de deidades.

23. Los techos profusamente decorados eran signo de opulencia.

24. Esta línea (y varias otras omitidas en esta edición) son citas del primer libro de las *Geórgicas* de Virgilio, donde el «dios» al que se refiere el autor es un trasunto de Octavio César Augusto.

25. La palabra *comunidad* es una traducción imperfecta del concepto romano de *societas*, de mayor calado. Para Séneca y otros filósofos, el término significa el impulso humano al gregarismo y la vida en sociedad.

26. Sigo el texto de M.C. Gertz, que introduce una segunda iteración de *ingrati sunt*.

27. Párrafo ciertamente complejo. Lo que Séneca quiere decir es que la generosidad comienza con la piedad entendida como devoción, pues si no sentimos gratitud hacia los dioses, cuya generosidad es perfecta, nunca la sentiremos por nuestros iguales.

28. La línea de pensamiento es algo oscura, pero se resume de la siguiente manera: hagamos la vista gorda con los ingratos, pues es probable que los demás se vuelvan agradecidos si los tratamos *como si lo fueran*.

29. En otros lugares de la obra, el autor se esfuerza por distinguir claramente entre «dar» y «prestar», pero aquí establece un paralelismo.

30. La metáfora alude a una maraña de hilos. Sigo el texto de M. Haupt, que inserta la palabra *violentia* en el texto.

31. Interesante vistazo a los peligros de las relaciones sociales de la élite romana. Séneca especula con la posibilidad de que el deudor de una persona de clase alta intente vengarse de ella o librarse de la deuda esparciendo rumores perniciosos si se le apremia a que la pague con demasiada insistencia. Al final de la *Epístola 81* (ver el siguiente capítulo), sugiere que el deudor puede incluso hacer asesinar al acreedor.